D1986082

Lieber Elias,

alles, alles Liebe
zu deiner heiligen
Kommunion
wünschen Dir
Rolf und Maria Krein

Federica de Cesco

Mein Geschichtenbuch zur Erstkommunion

Federica de Cesco

Mein Geschichtenbuch zur Erstkommunion

Verlag Katholisches Bibelwerk Stuttgart
rex verlag luzern

www.bibelwerk.de
ISBN KBW 3-460-20770-1
ISBN rex 3-7252-0770-4

Illustrationen Titel und Innenteil: Nina Susen Geisler, Kirchzarten
Gesamtherstellung: Druckerei zu Altenburg GmbH

Inhalt

Vorwort

Manchmal plätschert der Alltag so dahin: mehr oder weniger interessante Schulstunden, eine verständnisvolle Mutter oder auch Stress zu Hause, lustige Erlebnisse mit Freundinnen und Freunden, leider auch Streitereien. Doch plötzlich, wenn sich die Ereignisse überstürzen oder wenn wir einmal ganz genau hinschauen, dann wird es spannend? Der Autorin Federica de Cesco gelingt es seit ihrem ersten Buch, das sie noch als Teenagerin schrieb, genau solche besonderen Situationen, die jedem von uns passieren könnten, fesselnd zu erzählen.

Lars zertrümmert die Lieblingsvase seiner Großmutter. Er fühlt sich schuldig. Was würde ich tun in dieser Situation. Ein mögliches Donnerwetter ertragen oder alles zu verbergen suchen? Oder Alix, die sich verliebt. Ausgerechnet am Tag, als Fabian zu ihr kommt, verschläft sie und hat laut ihrem Bruder den scheußlichsten Pickel im Gesicht. Gäbe ich mich gehemmt oder würde ich mich trotz Pickeln attraktiv finden und die Liebe von Fabian gewinnen?

In diesen ernsten und lustigen Geschichten von Federica de Cesco begegnen wir nicht einfach Helden und Stars, sondern Kindern und Erwachsenen mit all ihren Schwächen und Stärken. Aber in außerordentlichen Situationen bewähren sich diese Personen und werden zu echten Vorbildern. Sie stehen mutig zu eigenen Fehlern. Sie wachsen plötzlich über sich hinaus und machen sich für andere stark. Nicht alles wird einfach gut, wie im richtigen Leben auch. Die verunfallte Freundin bleibt tot, die große Liebe muss nochmals warten, mit dem Glasauge wird Paul nie mehr sehen. Und doch haben alle Geschichten ein Happy End, nur nicht ein billiges wie in Hollywood-Filmen. Fehler, die echt bereut werden, sind verziehen. Eine neue Freundschaft darf gefeiert werden, eine Gemeinschaft mit Toleranz und Verständnis, in der jede und jeder etwas ist und werden darf. Das ist genau, was die Kirche ihren Kindern in der Erstkommunion und später in der Konfirmation oder Firmung verheißt. Federica de Cesco erzählt echte Geschichten zu deinem Fest.

Markus Kappeler

Lügen haben kurze Beine

Alix ist verliebt

Fabian, der neue Schüler, war wirklich ganz besonders. Kaum war er da, hatte sich Alix schon Hals über Kopf in ihn verliebt. Und das Tolle dabei: Fabian schien sie auch zu mögen. Aber er war scheu, wie Jungen das oft sind. Alix überlegte ein paar Tage lang, womit sie ihn ködern könnte. Mitten in der Deutschstunde kam ihr die zündende Idee. Sie würde Fabian vorschlagen, ihm ihr Haus zu zeigen. Sie wohnte nämlich in einem ganz besonderen Haus, in einer alten Mühle. Die Grundmauern stammten aus dem siebzehnten Jahrhundert. Dort, wo sich jetzt Küche, Wohn- und Esszimmer befanden, hatten die schweren Mühlsteine gemahlen. Das alte Mühlrad war noch in dem kleinen Steinbau vorhanden, und im Teich – der letzte Rest des alten Mühlenweihers – quakten Frösche. Vor dreißig Jahren hatten die Großeltern das Haus günstig kaufen können und in Stand gesetzt. Nun wohnte Alix dort mit ihren elfjährigen Geschwistern Boris und Eva. Der Vater war Journalist, die Mutter Tierärztin. Sie schiente Hunden das gebrochene Bein, brachte Fohlen zur Welt und gab Katzen Augentropfen. Wenn sie sagte: ich werde nervös, war das nur so eine Redensart.

„Kann ich den neuen Jungen aus der Klasse mal mitbringen?“, fragte Alix die Eltern in einem harmlosen Ton. „Ich möchte ihm gerne die Mühle zeigen.“

„Aber gewiss. Warum nicht am Pfingstmontag?“, sagte die Mutter.

Boris und Eva horchten sofort auf.

„Hast du jetzt einen Freund?“, wollte Eva wissen.

„Geht dich nichts an!“, zischte Alix ihr zu.

Die Zwillinge tauschten einen Blick. Aha. Alix war verliebt. Das konnte ja noch lustig werden.

Fabian wollte mit dem Zehn-Uhr-Bus kommen. Alix sagte, dass

sie ihn an der Haltestelle abholen würde. Sie fand in der Nacht keinen Schlaf, wälzte sich hin und her, mit heißen Ohren und kalten Füßen, und sah dauernd auf die Uhr, ob es nicht endlich an der Zeit wäre, aufzustehen. Und als die Mutter um neun an die Tür klopfte, lag Alix noch im tiefen Schlaf. Sie sprang aus dem Bett, noch bevor sie richtig wach war. Ach, du Schreck, sie hatte sich verschlafen! Barfuß und im Pijama rannte sie zum Bad. Natürlich war es besetzt.
„Aufmachen!“ Alix trommelte an die Tür.
„Ich bin auf dem Klo“, antwortete Evas ruhige Stimme.
„Unten ist ja auch noch eins!“, rief Alix.
„Da sitzt Boris.“
Alix raufte sich die Haare.
„Nun beeil dich doch!“

Endlich rauschte die Spülung und Eva trat mit arglosem Gesicht aus dem Badezimmer.
„Du hast einen Pickel", stellte sie fest. „Auf der Nase."
Alix schaute zum Spiegel. Wahrhaftig, die ganze Nase schien geschwollen, und auf der Spitze prangte ein dicker Talgpickel.
„Ich sehe aus wie ein Nashorn!", jammerte Alix. Sie wusch sich hastig, putzte sich die Zähne. Drei Minuten später kam sie in die Wohnküche. Die Espressomaschine fauchte.
Der Vater holte sich eben einen Kaffee. „Du hast einen Pickel", sagte er zu Alix im fürsorglichen Ton.
„Drücke ihn nicht mit schmutzigen Händen aus", bemerkte die Mutter, und bestrich ihre Toastschnitte mit Butter. „Der wird schon von selbst heilen."

Die zweite Klospülung rauschte. Boris kam in die Küche, warf einen Blick auf Alix.
„Warum hast du ein Rotlicht im Gesicht?"
Alix schlürfte ihre heiße Schokolade. „Na und?", fragte sie giftig. „Hast du noch nie einen Pickel gesehen?"
„Nicht so einen dicken", sagte Boris.
Das Handy von Alix gab den üblichen Piepslaut von sich. Fabian! Er war schon auf dem Weg! Alix verschluckte sich fast an ihrem Toast, wandte sich verzweifelt an die Mutter.
„Hast du kein Make-up, das ihn etwas verdeckt?"
„Dann bekommt er keine Luft und entzündet sich noch mehr. Warte, ich gebe dir eine Salbe. Die hilft bestimmt."
Die Salbe glänzte fettig und machte alles nur noch schlimmer. Alix schlüpfte in ihre Turnschuhe und fühlte sich elend. Inzwischen sagte der Vater, er müsse mal eben noch ins Büro, die Mailpost durchlesen. Er würde bald zurück sein. „Das Mittagessen koche dann ich. Wie wär's mit Curryreis?"
Große Begeisterungsrufe: Papas Curryreis war einfach der beste der Welt!
Da klingelte das Handy der Mutter. Ein Notfall. Ein Radfahrer hatte einen Yorkshire überfahren.
„Die Besitzerin schreit und heult. Ich will mir das Tier lieber ansehen. Dein Freund bleibt doch sicher zum Essen?", fragte sie Alix.
„Ich … ich weiß nicht", stammelte Alix. „Ich … ich werde ihn fragen!"

Gleich zehn! Jede Minute zählte. Alix rannte los und erreichte die Haltestelle, gerade als der Bus um die Ecke fuhr.
„Hallo!", sagte Fabian beim Aussteigen.
Alix's Hirnzellen versagten, das Kontrollsystem fiel aus.
„Bist du … in den richtigen Bus gestiegen?"
„In den falschen sicher nicht, sonst wäre ich jetzt nicht hier!", antwortete Fabian, mit guter Logik. Sein Lächeln war ganz entzückend. „Ich bin irre auf dein Haus gespannt. Alte Mühlen, die mag ich nämlich sehr."

Fabians Augen hatten eine tolle Farbe, wie die ausgewaschener Jeans. Leider waren sie genau auf ihre Nase gerichtet. Alix wäre am liebsten in den Erdboden versunken. Wie hatte sie sich auf Fabian gefreut! Und jetzt hatte sie nur den einzigen Gedanken, ihn so schnell wie möglich wieder loszuwerden.

„Ja, aber ich … ich habe nicht viel Zeit."
„Warum nicht?"
Null Input im Kopf. Alix schaltete das Hilfsprogramm ein, stotterte, was ihr als Erstes in den Sinn kam.
„Ich … ich muss meiner Mutter helfen. Sie … sie hat heute einen Kaiserschnitt."
Fabian starrte sie entgeistert an.
„Bekommt sie ein Baby?"
„Nein, sie nicht. Aber die Kuh. Ich meine … sie bekommt ein Kalb. Ja, und das Kalb liegt falsch im Bauch. Da muss Mama einen Kaiserschnitt machen."
„Ach so."
„Jetzt gleich, um elf", sagte Alix mit Nachdruck.
„Weiß man die Uhrzeit so genau?"
„Bei einem Kaiserschnitt schon, den kann meine Mutter vorprogrammieren."
„Willst du später auch Tierärztin werden?"
Alix verschwieg ihm, dass es ihr schlecht wurde, wenn sie einen Blutstropfen sah.
„Ja. Bei großen Operationen bin ich gerne dabei."
„Ach, du Schreck!", stöhnte Fabian. „Ich könnte das nicht."
„Macht mir nichts aus!"
Alix erklärte selbstgefällig, dass sie Gummihandschuhe trug und Mama die Instrumente reichte.
„Also, denn du zeigst mir das Mühlrad und ich gehe gleich wieder", meinte Fabian, etwas konfus.
„Warum?"
„Wegen der Kuh."
Ich bin selbst eine, dachte Alix. Sie pustete sich Luft nach oben ins Gesicht. Ach klar, das war wirklich nicht schlau gewesen.

Und alles nur wegen des dämlichen Pickels!
Ein paar Minuten später erreichten sie das „Haus zur Mühle". Fabian besah sich die dicken Wände, den Teich mit den Seerosen, das alte Rad und das Mühlezeichen über der Tür, und war total begeistert. Dann gingen sie ins Haus.
„Bei uns ist immer Unordnung", warnte Alix Fabian. „Keiner hat Zeit aufzuräumen."
„Ach, das ist doch gemütlich. Die Treppe gefällt mir!" Fabian strich mit der Hand über das Geländer. „So ein schönes Holz!"
Ein Wagen hielt vor dem Haus, auf dem Kies knirschten Schritte. Die Mutter! Alix wurde bleich: „Schon fertig? Ich dachte, der Yorkshire ..."
„Zum Glück nichts Schlimmes. Ein Schock, weiter nichts. Ich gab der Besitzerin eine Beruhigungstablette. Jetzt sind beide friedlich."
Felix grüßte höflich und nannte seinen Namen.
„Sie kommen sicher Alix holen wegen des Kaiserschnitts."
Die Mutter starrte ihn an: „Wie bitte?"
Alix gestikulierte, runzelte die Stirn, verdrehte die Augen: „Weißt du, Mama, der Kaiserschnitt bei der Kuh! Um elf, hast du gesagt! Du siehst, ich bin pünktlich. Ich wollte Fabian nur eben mal das Haus zeigen."
„Ach so, die Kuh ..." Die Mutter machte ein verwirrtes Gesicht.
„Und ich helfe dir bei der Operation. Ich reiche dir die Instrumente, wie jedes Mal", setzte Alix, jedes Wort betonend, hinzu.
„Wie, wann? Ach so, ja, ja", murmelte die Mutter. „Willst du deinem Gast nicht etwas Himbeersirup anbieten?"
„Ich will euch nicht stören. Ich gehe gleich wieder", sagte Fabian.
Sie setzten sich in die Küche. Alix stellte Gläser auf den Tisch, holte den Himbeersirup aus dem Eisschrank.
„Selbst gemacht. Wir haben Himbeeren im Garten."
Fabian nahm einen Schluck: „Schmeckt klasse!"
Draußen wurden Stimmen laut, die Haustür flog auf.

„Boris und Eva, meine Geschwister", stellte Alix ohne Begeisterung vor.
„Ihr seht wie Zwillinge aus", meinte Fabian.
„Wir sind welche", sagte Eva mit Würde.
„Aber ich bin sechs Minuten älter", erklärte Boris.
„Können wir Sirup haben?", fragte Eva.
„Holt euch Gläser", sagte die Mutter, „aber lasst sie nicht fallen."
„Das tut immer nur Alix", sagte Eva.
„Wir doch nicht", ergänzte Boris.
Sie gossen sich Sirup mit Mineralwasser ein, tranken und starrten Fabian dabei an. Boris brach als Erster das Schweigen.
„Bist du in Alix verliebt?"
Alix fuhr hoch.
„Halt die Klappe!"
„Meine Freundin Lena ist in Joschka verliebt", sagte Eva. „Die stehen in der Ecke und knutschen wie im Fernsehen."
„Ihr sollt die Klappe halten!", schrie Alix.
Die Mutter lächelte Fabian, der krebsrot geworden war, freundlich an: „Noch etwas Sirup?"
„Nein danke. Sie haben doch gleich Ihren Kaiserschnitt."
Boris und Eva wechselten einen Blick.
„Bei dem Merinoschaf von nebenan?", fragte Eva.
„Das war doch vorgestern", sagte Boris.
„Bei der Kuh! Und das ist heute!", sagte Alix hilflos dazwischen.
Felix schob taktvoll seinen Stuhl zurück.
„Ich will dich nicht länger aufhalten. Erzählst du mir morgen, wie es war?"

Da kam der Vater, fröhlich ein Lied pfeifend, in die Küche, stellte ein Paket Cremeschnitten auf den Tisch und sagte zu Fabian:
„Du bleibst doch wohl zum Mittagessen?"
„Es gibt Curryreis", sagte Eva.
„Mit Pfirsichen und Mandeln", ergänzte Boris.

Fabian lief das Wasser im Mund zusammen.
„Diesmal nicht", antwortete er, aufrichtig bedauernd. „Wir müssen doch an die Kuh denken."
„Hä?", machte der Vater.
Ich hasse mich, dachte Alix. Ich hasse mich wirklich! Lauter Schmach und Schande. Lügen haben kurze Beine, würde die Mutter gleich sagen. So kleinkariert, so bescheuert wollte Alix in ihrem ganzen Leben kein zweites Mal sein. Aber für heute hatte sie ein prachtvolles Eigentor geschossen, denn Fabian sah auf die Uhr, verabschiedete sich, marschierte zur Tür.
„Gleich elf! Das arme Tier kann doch nicht warten. Mein Bus fährt in vier Minuten. Wenn ich mich beeile, erwische ich ihn noch."

Die zerbrochene Blumenvase

Lars wusste nicht, wie es geschehen konnte: Er war nur schnell ins Haus gelaufen, um in der Küche ein Glas Wasser zu trinken. Er hatte beim Schlittenfahren schrecklichen Durst bekommen. Als er atemlos durch die Wohnstube rannte, um möglichst schnell wieder nach draußen zu gelangen, glitt er mit seinen Socken auf dem gebohnerten Fußboden aus. Er ruderte mit beiden Armen in der Luft herum, um das Gleichgewicht zu finden.
Da stieß er mit dem Ellbogen gegen die Vase, die auf der Kommode stand. Sie schwankte, drehte sich ein wenig und kippte um. Ehe Lars sich's versah, gab es ein dumpfes Klirren. Die schöne Vase, die Großmutter so gerne hatte, lag in drei großen Scherben am Boden!

Lars musste sich mit beiden Händen am Tisch festhalten, sonst wäre er vor lauter Schreck selbst umgefallen. Entsetzt starrte er auf die Bescherung! Es war Großmutters kostbarste Vase, aus chinesischem Porzellan, weiß, leicht bläulich schimmernd. Zwei Rotkehlchen waren darauf gemalt, die auf einem Apfelblütenzweig zu schaukeln schienen. Ein Geschenk von Großvater, kurz bevor er gestorben war. Immer, wenn Großmutter Blumen bekam oder selbst welche gekauft hatte, stellte sie den Strauß in diese Vase. Seit einigen Tagen stand sie leer auf ihrem Platz, und jetzt war sie zerbrochen. Lars konnte es nicht fassen. Sein Herz klopfte so stark, dass es schmerzte. Langsam bückte er sich, hob die einzelnen Scherben auf und legte sie auf den Tisch. Sie waren glatt, fast wie gemeißelt. Splitter hatte es kaum gegeben. Lars versuchte, die Teile wieder zusammenzufügen. Sie passten haargenau aufeinander. Ein Gedanke schoss ihm durch den Kopf: Wenn er versuchte, die Scherben zusammenzukleben? Er hatte eine Tube Klebstoff in seinem Zimmer. Aber dann fiel ihm ein, man konnte nur Papier damit kleben. Mit gerunzelter Stirn suchte er verzweifelt nach einer Lösung. Würde die Zeit reichen, um schnell im

Dorf Leim für Porzellan zu besorgen? Dabei riskierte er, mit Großmutter zusammenzutreffen, die einkaufen gegangen war und jeden Augenblick zurück sein konnte. Außerdem war dieser Leim, wenn es einen gab, bestimmt sehr teuer, und er hatte für diese Woche nur noch wenig Taschengeld. „Das habe ich davon", dachte Lars, „wenn ich so viel Geld für Kaugummi und Süßigkeiten am Kiosk vergeude!"

„Lars! Lars! ..."
Die Stimme seiner Schwester ließ ihn auffahren. Er stürzte zum Fenster, schob die Gardine beiseite. Claudia schleifte ihren Schlitten den Hang hinauf und winkte heftig. Ihre Wangen waren fast so rot wie ihre Jacke.
„Ich kann nicht kommen!"
„Warum denn nicht?"
Lars biss sich auf die Lippen. Sein Kopf war wie leer. So sehr er sich auch anstrengte, ihm fiel keine vernünftige Entschuldigung ein.
„Weil ich nicht kann, darum!"
Claudia stolperte, versank im Schnee. Sie richtete sich wieder auf, zog ihre Fäustlinge aus und hauchte in ihre Hände.
„Bist ja blöde!", rief sie ärgerlich.
„Sie ist ja nur zu faul, den Schlitten allein hinaufzuziehen!", dachte Lars und knallte das Fenster wieder zu.

Ihm war heiß. Schwitzend stand er da und betrachtete die Scherben. Die Sache mit dem Leim konnte er sich aus dem Kopf schlagen. Aber was tun? Sollte er die zerbrochenen Teile schön sorgfältig aneinanderfügen und die Vase so stehen lassen? Er versuchte es. Na, sie schien ja zu halten! Man musste schon ganz genau hinsehen, um die haarfeinen Scherbenkanten zu entdecken. Lars stieß einen Seufzer der Erleichterung aus. Da! Ein feines Klirren! Wieder lag die Vase in ihren Scherben auf der Tischdecke! Lars' Knie zitterten so stark, dass er sich setzen musste. Es blieb ihm nichts anderes übrig, als Großmutter das Unglück zu gestehen. Warte mal! Gab es nicht eine andere Möglichkeit? Er konnte zum Beispiel sagen, dass er nichts davon wusste, dass es geschehen sein musste, als er mit Claudia Schlitten fuhr. Aber eine Vase fällt doch nicht von selbst um! Wer könnte es gewesen sein?

Der Briefträger, vielleicht? Nein, der lachte immer so freundlich, unmöglich ihn zu beschuldigen, das wäre ja gemein. Außerdem würde zum Schluss doch herauskommen, dass er gelogen hatte, und die ganze Angelegenheit noch viel schlimmer machen. Der Briefträger also nicht. Wer denn sonst?

Ein feines Kratzen hinter der Tür ließ Lars aufhorchen. Chanel, Großmutters Katze, huschte durch den Türspalt. Sie sah Lars mit ihren funkelnden grünen Augen an und miaute. Lautlos huschte sie durchs Zimmer und rieb sich mit rundem Rücken am Bein von Lars. Der Junge schnippte mit den Fingern: „Das ist die Lösung! Die Katze hat die Vase umgeworfen!" Chanel konnte es ja nicht bestreiten, und Großmutter hatte die Katze viel zu gerne, um sie zu strafen. Und außerdem war Chanel ja nur ein Tier, das überhaupt nicht wusste, um was es eigentlich ging. Lars stand auf. Vorsichtig nahm er die Scherben vom Tisch und legte sie wieder auf den Boden. Chanel schnurrte und schnupperte neugierig daran. Lars kraulte sie hinter den Ohren. Es tat ihm leid, dass er so ungerecht sein musste, aber es blieb ihm nichts anderes übrig. Nie würde er den Mut aufbringen, Großmutter die Wahrheit zu sagen! Vielleicht war es weniger Angst vor Strafe, als vielmehr das bedrückende Gefühl, Großmutter Kummer zu machen. Sie war immer so nett! Wenn Claudia und er die Weihnachtsferien bei ihr verbrachten, backte sie Biskuits und Kuchen, und jeden Mittag gab es ein besonderes Dessert. „Du verwöhnst die Kinder zu sehr!", sagten kopfschüttelnd die Eltern, aber Großmutter lachte nur: „Wenn die beiden den ganzen Tag im Schnee herumtollen, müssen sie gut und reichlich essen, um bei Kräften zu bleiben!"

Claudia war mit dem Schlitten den Hang heruntergefahren. Nun stand sie wieder vor dem Haus und schrie: „Laaars!"

Lars sprang hoch und öffnete das Fenster. „Brüll nicht so laut! Ich komme ja schon!"
Das Fenster schließen und durchs Esszimmer rennen war eins. Keuchend zog er in der Diele die Stiefel an … da sah er durch das kleine Fenster der Eingangstür Großmutter den Weg durch den Garten heraufkommen. Sie ging langsam und vorsichtig, in jeder Hand eine Einkaufstasche. In der einen Tasche – Lars sah es mit Schrecken – steckte ein großer Strauß gelber Astern! Er wich zurück. Es war zu spät, um schnell durch den Garten um das Haus herum zu laufen. Hastig riss er sich die Stiefel von den Füßen, rannte die Treppe hinauf in sein Zimmer und warf die Tür ins Schloss. Da stand er nun mit hängenden Armen, keuchend und ratlos. Er atmete so heftig, dass er kaum das leise Geräusch der Haustür vernahm, als Großmutter eintrat. Er hörte, wie sie ihre Schneeschuhe auszog und abklopfte. Dann knarrte der Fußboden, sie ging durch die Wohnstube in die Küche. Dann … plötzlich war es still.
„Jetzt hat sie die Scherben entdeckt!", dachte Lars.
Ihm wurde übel. Beim Eintreten musste Großmutter seine Stiefel in der Diele gesehen haben. „Sie wird denken, dass ich in meinem Zimmer bin. Was soll ich nur tun? Warten, bis sie mich ruft? Ich halte es nicht aus!", dachte Lars. „Ich muss ihr sofort sagen, dass es die Katze gewesen ist!"

Er drückte auf die Klinke, öffnete zaghaft die Tür: „Großmama!"
Keine Antwort. Lars beugte sich übers Treppengeländer: „Großmama?"
„Ja?", kam leise, etwas zitternd, die Antwort. Lars stieg langsam die Treppe hinunter. Er musste sich am Geländer festhalten. Weich wie Gummi waren seine Knie. Großmutter stand im Wohnzimmer. Sie hatte die Scherben aufgehoben und vor sich auf den Tisch gelegt. Das Oberteil, das genau in der Mitte zerbrochen war, hielt sie in der Hand. Den Schwanz steil in der Luft, strich Chanel um die Einkaufstaschen und schnurrte mit Wohlbehagen.

Großmutter drehte den Kopf und schaute Lars an. Ihr Gesicht war etwas starr, ihre Mundwinkel bebten, als sie fragte: „Hast du das gemacht?"
Lars öffnete den Mund, wollte sagen: „Chanel war es!", brachte jedoch keinen Laut über die Lippen. Statt dessen fühlte er, wie ihm Tränen in die Augen schossen, ihm ein Kloß die Kehle zuschnürte. Krächzend antwortete er: „Ich habe es doch nicht absichtlich getan!"
Und schon heulte er, es war wie ein Sturzbach. Schluchzend berichtete er, wie er die Vase versehentlich angestoßen und wie sie auf den Boden fiel, dass er den Gedanken hatte, sie zu leimen, dann den Briefträger und schließlich Chanel beschuldigen wollte. Die Nase lief und lief – er musste dauernd hochziehen –, und natürlich hatte er kein Taschentuch.

Großmutter hatte schweigend zugehört. Sie legte das Stück Vase in ihrer Hand auf den Tisch zurück, öffnete ihre Handtasche, die sie noch immer am Arm trug, und entnahm ihr ein sauberes Taschentuch.
„Nun putze dir erst mal die Nase!"
Lars gehorchte. Er schnupfte laut und trocknete sich die nassen Augen. Merkwürdig, er hatte kein Herzklopfen mehr und fühlte sich viel wohler.
Großmutter nahm ihre Einkaufstaschen und ging in die Küche. „Ich werde mir jetzt einen Kaffee machen. Trinkst du etwas Sirup?"
Lars nickte. Sie setzte Wasser auf und goss Lars ein Glas Himbeersirup ein. Er trank es in einem Zuge leer und stammelte: „Es … es tut mir ja so leid."
„So etwas kann schließlich jedem passieren", sagte Großmutter ruhig. „Nur eins möchte ich von dir wissen! Du wolltest Chanel die Schuld geben, warum hast du dich im letzten Augenblick anders besonnen?"
Lars wurde knallrot und wusste keine Antwort. „Im Grunde ist es leicht, die Wahrheit zu sagen", dachte er, „und auch die beste Lösung. Kein Kopfzerbrechen mehr, um eine glaub-

würdige Lüge zu erfinden. Schwer ist nur, sich zu diesem Entschluss durchzuringen."

„Weißt du", Großmutter lächelte, „die Sache mit Chanel hätte ich dir sowieso nicht geglaubt. Sie ist eine behutsame Katze und hat noch nie etwas umgeworfen!"

Sie nahm die Astern aus der Tasche und wickelte sie aus dem Papier.

„Schade", sagte sie, „ich muss sie jetzt in eine andere Vase stellen." Lars kaute an seinem Taschentuch.

„Kann man ... kann man die Vase nicht leimen?"

„Doch, sicher", sagte Großmutter, „aber es können keine Blumen mehr hineingestellt werden. Dadurch, dass winzige Porzellanteilchen fehlen, ist sie nicht mehr wasserdicht." Sie lächelte etwas traurig. „Nun, ich werde mich damit abfinden müssen!"

Claudias Stimme erklang unter dem Küchenfenster. „Lars! Laaars!"

„Geh noch etwas nach draußen, bevor es dunkel wird", schlug Großmutter vor. Lars ging ins Badezimmer und hielt das Gesicht unter den Wasserhahn. Claudia würde wer weiß was denken, wenn er so verheult herauskäme. Während er sich abtrocknete, ging ihm plötzlich ein Licht auf. Großmutter hatte im Frühling Geburtstag. Zeit genug, um so viel Taschengeld zu sparen, dass er ihr eine neue Blumenvase kaufen konnte! Das war eine Idee! Sonst wusste er nie, was er ihr schenken sollte, doch dieses Mal war alles klar. Eine schöne Vase sollte es sein, vielleicht sogar eine chinesische, wenn sie nicht zu teuer war. Lars seufzte. Für die nächste Zeit war' Schluss mit Kaugummi!

„Laaars!", schrie Claudia.

„Ja, ich komme ja schon!"

Er zog die Mütze in das noch feuchte Gesicht und rannte aus dem Haus.

Freundinnen sagen sich alles

Lisa stand an der Bushaltestelle und wartete wie jeden Morgen auf Nora. Die voll gestopfte Schulmappe hatte sie zwischen die Füße geklemmt. Zwanzig vor acht. Die Leute hasteten über die Straße, während das Rotlicht die Autoschlange zum Stocken brachte. Endlich kam der Bus, wie immer zum Bersten voll. Die Türen öffneten sich: Menschen drängten heraus, andere hinein. Von Nora keine Spur. Lisa vergrub die Fäuste in den Taschen ihrer Windjacke. Was war nur los mit Nora? Hoffentlich war sie nicht krank! Nach sieben Minuten kam der nächste Bus. Lisa erspähte im Gedränge Noras rote Wollmütze und atmete erlöst auf. Sie stieg ein, konnte aber nicht zu Nora vordringen. An der Station beim Schulhaus zerrte und schob Nora, bis sie ihre eingeklemmte Schulmappe freibekam.
Atemlos stieg sie aus.
„Beeil dich!“, sagte Lisa nervös, „sonst kommen wir zu spät.“
„Du hättest ja einen früheren Bus nehmen können“, meinte Nora.
Lisa sah sie überrascht und etwas verletzt an. Nora war nicht wie sonst. Ihr Gesicht wirkte mürrisch und abweisend.
„Aber ich warte doch immer auf dich!“
„Das brauchst du nicht“, entgegnete Nora kalt.

Lisa fiel keine passende Antwort ein. Seit einem Jahr waren beide unzertrennlich. Sie saßen nebeneinander im Klassenzimmer und gingen zusammen nach Hause. Nora wohnte nur zwei Bushaltestellen von Lisa entfernt. Oft ging Lisa nach der Schule noch etwas zu ihr. Sie hatte Zeit, denn ihre Mutter arbeitete bis fünf. Nora hatte einen kleinen Bruder, deswegen war ihre Mutter meist zu Hause. Sie war immer sehr nett zu Lisa. Die beiden Mädchen aßen Marmeladenbrot und tranken ein Glas Milch. Dann setzten sie sich in Noras Zimmer und machten ihre Schulaufgaben.

Zweimal in der Woche gingen sie zusammen ins Turnen. Beide waren gut im Kunstturnen. Obwohl Nora begabter war, fühlte Lisa keinen Neid. Sie bewunderte die Freundin ihrer Selbstsicherheit wegen. Manchmal, zu Hause, betrachtete sie im Spiegel ihr dünnes schwarzes Haar, ihre langweiligen braunen Augen und seufzte. Ihr Gesicht war bleich und nichts sagend. Sie hätte gerne wie Nora schulterlanges blondes Haar gehabt und leuchtende blaue Augen mit dunklen Wimpern.
Sicher, Nora war manchmal launisch. Lisa wurde nicht klug aus ihr. Und heute Morgen wieder diese eiskalte Miene! Was war nur los? Wie immer suchte Lisa den Fehler zuerst bei sich selbst. Aber vielleicht war es richtiger, Noras Stimmung gar nicht zu beachten und einfach draufloszureden, so wie sonst.

„Hast du es schon gehört? Heute schreiben wir eine Mathearbeit. Ausgerechnet an einem Montag. Frau Maikler spinnt wohl!"
Sie warf Nora einen erwartungsvollen Blick zu. Doch diese zuckte mit keiner Wimper.
Lisa lächelte verkrampft: „Stell dir vor, ich hätte fast mein Lesebuch vergessen!"
Immer noch keine Antwort. Nora ging schneller. Lisa passte sich ihrem Schritt an und wechselte das Thema.
„Du, hast du gestern Abend im Fernsehen auch das Finale im Schlittschuhlaufen gesehen? Am besten gefiel mir die Französin mit dem tollen roten Kostüm ..."
Unvermittelt blieb Nora stehen: „Verschone mich doch endlich mit deinem blöden Gequatsche!"
Sie standen vor dem Schultor. Die Schüler lärmten auf dem Hof, und hinter den Fenstern leuchtete trübes Neonlicht. Lisa starrte Nora an, stumm wie ein Fisch. Nora ließ sie stehen und ging mit schnellen, entschlossenen Schritten den Mitschülern entgegen. Nach einer Weile schlürfte Lisa verstört hinterher. Sie war wie vor den Kopf gestoßen.

Es schellte zum Unterricht. Die Schüler stürmten in Gruppen herbei und drängten sich ins Treppenhaus. Lisa ließ die anderen an sich vorbei. Am liebsten hätte sie losgeheult. Später versuchte sie vergeblich, sich auf ihre Mathearbeit zu konzentrieren. „Was habe ich falsch gemacht?", dachte sie verzweifelt. Immer wieder wandte sie ihr bestürztes Gesicht zu Nora hin, doch diese beachtete sie überhaupt nicht. Die zwei Stunden bis zur Pause kamen Lisa endlos vor. Ihr Kopf war wie mit Watte gefüllt. Sicher bekam sie wieder eine schlechte Note in Rechnen!

Als es schellte, stand Nora sofort auf und ging mit Nathalie und Barbara hinaus. Lisa saß da wie erstarrt. Alle waren draußen. Die Stille kam ihr unerträglich vor. Schließlich sprang sie auf und lief aus dem Klassenzimmer. Es war furchtbar, links liegen gelassen zu werden, ohne zu wissen warum!

Natürlich hatten die anderen bereits gemerkt, dass Nora nichts mit ihr zu tun haben wollte. Man warf ihr spöttische Blicke zu. Einige stießen sich an und kicherten.

Lisa errötete. „Ich muss Nora unbedingt fragen, was sie gegen mich hat", überlegte sie verzweifelt. Aber wie sollte sie nur den Mut dazu aufbringen?

Nora sprach bis zur Mittagszeit kein Wort mit ihr. Lisa kam sich erbärmlich vor. Frau Maikler schrieb an die Tafel. Lisas Kugelschreiber schmierte, so dass ihre schwitzenden Finger blau wurden. Als es schellte, fuhr Lisa fast zusammen. Sie sah Nora hastig ihre Sachen in die Mappe schieben und stotterte:

„Gehen wir ... zusammen zum Bus?"

Nora warf ihr einen eisigen Blick zu. „Nein."

Lisa schluckte. „Aber warum denn nicht?"

„Einfach so. Ich will nicht." Das Klassenzimmer war schon fast leer. Mittags hatten die Schülerinnen und Schüler Hunger und verschwanden stets in Windeseile. Lisa hörte ihren eigenen Magen laut knurren. Sie nahm ihren ganzen Mut zusammen.

„Warum ... warum bist du plötzlich so böse auf mich?"

Noras blaue Augen funkelten sie an: „Du stinkst nach Schweiß."
Lisa schoss die Hitze ins Gesicht. Fassungslos stand sie da und brachte sekundenlang keinen Ton über die Lippen. Nora nahm ihre Mappe und wollte gehen. Da erst fand Lisa ihre Sprache wieder.

„A... aber ... ich habe das noch nie bemerkt!"
„Natürlich merkt man das nicht selbst", sagte Nora ungeduldig. „Nur alle anderen halten sich die Nase zu!"
„Aber ich wasche mich doch jeden Morgen!"
„Das nützt nichts. Du musst einen Deo-Spray benutzen. Sonst stinken deine Pullis tagelang!"
Darauf verließ sie das Klassenzimmer und eilte hastig durch den Gang. Lisa lief mit eingezogenen Schultern hinter ihr her.
„Und außerdem", fuhr Nora fort, „bist du wie eine Klette. Wenn du wüsstest, wie mich das nervt! Mach du deinen Kram und ich meinen. Wir sind doch nicht aneinandergeklebt!"

Lisas Mund war trocken, sie konnte kaum sprechen. Beide liefen die Treppe hinunter. Lisa sah kaum die Stufen. „Willst du jetzt nicht mehr meine Freundin sein?"
„Das habe ich nicht gesagt. Aber jetzt solltest du mich endlich in Ruhe lassen."
Lisa spürte ihre Augen heiß und feucht werden. Tränenblind stolperte sie hinter Nora her.
„Nur weil ich heute Morgen den Pulli nicht gewechselt habe …"
„Nicht nur deswegen", sagte Nora. „Ich mag es nicht, wenn du dich so aufdrängst. Ich will auch mal mit anderen Leuten etwas unternehmen."
Sie stampfte plötzlich mit dem Fuß und schrie: „Nun gib es endlich auf, wie ein Dackel hinter mir her zu rennen!" Lisa blieb wie angewurzelt stehen. Nora lief über die Straße und erreichte die Haltestelle, als der Bus gerade hielt. Nora stieg rasch ein. Schon schlossen sich die Türen. Und der Bus war weg.

Lisa rührte sich nicht. Dicke, heiße Tränen liefen ihr über die Wangen. Nach einer Weile öffnete sie ihre Windjacke, hob einen Arm und roch an der Achselhöhle. Klar hatte sie den Geruch schon bemerkt, aber sich niemals etwas dabei gedacht.
„Was ist denn, Lisa?", fragte hinter ihr eine freundliche Stimme. Lisa senkte rasch den Arm und fuhr herum. Vor ihr stand Frau Maikler. Sie hielt den Autoschlüssel in der Hand und wollte gerade in ihren Wagen steigen.
„Warum weinst du denn?", fragte sie erstaunt.
Lisa schluchzte noch lauter. Ihre Nase lief. Verzweifelt durchsuchte sie ihre Taschen.
„Natürlich hast du kein Taschentuch", sagte Frau Maikler.
„Zum Glück habe ich ein Kleenex. Da, schnäuze dich!"
„Danke", hauchte Lisa.
Sie putzte sich geräuschvoll die Nase, wischte sich die Tränen vom Gesicht.
„Was ist denn?", fragte Frau Maikler. „Willst du mir nicht sagen, was los ist?"

Lisa blieb stumm. Doch Frau Maikler kannte ihre Schülerin. „Weinst du wegen Nora? Weil sie nichts mehr von dir wissen will?"
Lisa wandte ihr verquollenes Gesicht ab. Es war ihr peinlich, dass Frau Maikler es bemerkt hatte.
„Warum habt ihr euch denn verkracht?", fragte die Lehrerin in sachlichem Ton.
Lisa wurde noch röter. Sie zerknüllte das Taschentuch und schwieg. Hoffentlich fiel Frau Maikler nur nicht auf, dass sie nach Schweiß roch!
Die Lehrerin wartete auf eine Antwort, die aber ausblieb. Schließlich lächelte sie Lisa aufmunternd zu. „Ich an deiner Stelle würde alles nicht so tragisch nehmen. Morgen vertragt ihr euch bestimmt wieder."
Lisa holte tief Luft. Vielleicht hatte Frau Maikler Recht. Vielleicht war Nora schon morgen wieder wie sonst. Aber sie, Lisa, konnte nie mehr so zu ihr sein wie früher. So offen, so vertrauensvoll. Unter Freundinnen konnte man über alles reden. Nora hätte ihr schon längst sagen müssen, was mit ihr los war. Aber nicht auf diese gemeine Art! Lisa spürte wieder die Tränen kommen. Jetzt würde sie ewig Hemmungen haben, sich weniger hübsch, weniger gescheit, weniger klug fühlen als Nora. Vielleicht konnte sie wieder mit ihr befreundet sein. Aber nie mehr so wie früher. Das war jetzt endgültig vorbei.
„Komm, steig ein!", sagte Frau Maikler. „Ich bringe dich mit dem Wagen nach Hause."
Lisa wich zurück. Ein andermal vielleicht. Aber um alles in der Welt nicht heute, mit ihrem verschwitzten Pulli!
„Nein, danke! Ich … ich nehme den Bus!"
„Wie du willst." Frau Maikler sah ihr nach, wie sie mit hängendem Kopf zur Haltestelle schlich. Lisa konnte verschlossen wie eine Auster sein, während Noras Offenheit nicht selten beleidigend war.
„Im Grunde", dachte Frau Maikler, „passen die beiden gut zusammen. Aber Nora sollte es nicht auf die Spitze treiben, sonst wird Lisa ihre Hemmungen noch lange nicht los!"

Mut macht stark

Wer fürchtet sich vor Fledermäusen?

„Du“, sagte Sandra, „ich weiß nicht, ob wir heute noch bis zum Hexenloch kommen. Ein Gewitter zieht auf.“
„Ist doch egal“, sagte Tim. „Ein bisschen Regen schadet doch nichts.“
Es war drückend schwül. Dicke Wolken ballten sich am Himmel. Vom Berghang aus sah man durch die Bäume den See. Das Wasser schillerte fast so dunkelgrün wie die Tannen.
„Wir können doch morgen gehen“, schlug Sandra vor.
„Wieso morgen und nicht heute?“, fragte Tim gereizt.

Sandra seufzte abgrundtief. Jungen waren alle gleich. Wenn die sich was in den Kopf gesetzt hatten …
Mürrisch stapfte sie hinter ihrem Bruder her. Manchmal hätte sie durch die Wand gehen können, nur um irgendwohin zu kommen, wo es keinen Tim gab. Tim mit seiner Unordnung, seiner Neugier und der Überzeugung, dass alle nach seiner Pfeife tanzen müssten. Bis zum Frühjahr hatte er einen gleichaltrigen Freund gehabt, mit dem er in die Fußballmannschaft ging. Doch Robert war vor zwei Monaten umgezogen, und seither war Tim ungenießbar. Als die Eltern davon sprachen, auch in diesem Jahr eine Ferienwohnung in den Bergen, am Blausee zu mieten, hatte Tim ein Mordstheater veranstaltet: Er wollte nicht mit seiner Schwester die Ferien verbringen. Früher war Robert immer mitgefahren. Die beiden waren stundenlang mit dem Ruderboot unterwegs, badeten oder streiften durch die Wälder, und Sandra hatte ihre Ruhe. In diesem Jahr war alles anders. Als Tante Christine zu Besuch kam, musste Sandra sogar das Zimmer mit Tim teilen und drehte deswegen beinahe durch. Tim tauchte immer im unpassendsten Augenblick auf, gerade dann, wenn sie ins Tagebuch schrieb, sich die

Haare föhnte oder T-Shirts anprobierte. Er strich mit Leidensmiene durch die Wohnung, hockte stundenlang vor dem Fernseher, hörte Kassetten und nahm den Kopfhörer nur beim Essen ab, weil sonst der Vater Krach geschlagen hätte.
„Hör auf, den ganzen Tag herumzusitzen!“, hatte die Mutter heute Morgen beim Brunch gesagt. „Geh rudern!“
Tim hatte seinen Schmollmund gezogen. „Bei dieser Hitze?“
„Dann geh schwimmen!“
„Keine Lust.“
„Unternimm doch was mit Sandra.“
Ein Achselzucken. „Das fehlte noch!“
„Sie ist deine Schwester.“
„Eine blöde Ziege ist sie!“
„Tim, nicht diese Ausdrücke!“
„Und ich?“, war Sandra wütend dazwischengefahren. „Mich fragt keiner, ob ich will oder nicht. Was soll ich bloß mit dieser Nervensäge anfangen?“
„Ihr könntet doch eine Wanderung machen“, hatte Tante Christine vorgeschlagen.
Tim hatte ihre Fistelstimme nachgeäfft.
„Vielleicht mit roten Strümpfen und einem Alpenstock?“
Sandra hatte in ihre Serviette geprustet. Tante Christine trug tatsächlich rote Kniestrümpfe beim Wandern. Auf dem Balkon hingen gerade welche an der Leine zum Trocknen.
„Du bist frech“, hatte die Mutter gesagt. „Sei doch nicht so. Und nimm gefälligst den Kopfhörer ab, wenn man mit dir redet.“

Tante Christine hatte beleidigt ihren Milchkaffee fertig geschlürft. Und dann war es Tim, der plötzlich zum Hexenloch wollte. Er war schon mit Robert oben gewesen, aber damals dunkelte es bereits, und sie hatten keine Zeit gehabt, den Spalt zu untersuchen. Jetzt hatte er auf einmal Lust, sich die Höhle anzusehen.
„Geh mit, Sandra!“, hatte die Mutter gesagt. „Damit er keine Dummheiten macht.“

„Wie viel zahlt ihr mir?", hatte Sandra gefragt. „Fünf Euro die Stunde?"
Jetzt stiegen sie den Hang hinauf und schwitzten. Der Pfad führte an einer Schlucht vorbei, in der ein Wildbach schäumte. Es roch nach Pilzen, feuchtem Moos und Brombeeren. Kein Lüftchen regte sich. Mückenschwärme tanzten unter den Bäumen. Auf einmal klatschte sich Tim wütend auf die Wange. Sandra wandte den Kopf und kicherte.
„Klebst du dir jetzt selbst eine?"
„Bin gestochen worden. Die Mücken sind verrückt!"
„Wir auch", stöhnte Sandra. „Wollen wir nicht umkehren, bevor es gießt?"
„Ich hab's ja geahnt!", zeterte Tim. „Mit dir kann man nichts unternehmen. Du rennst vor ein paar Regentropfen davon!"
„Ich will nicht nass werden!", schrie Sandra. „Ich habe mir erst heute Morgen das Haar gewaschen!"
„Eitle Gans!"
„Störrischer Esel!"
Sie wanderten weiter. Sandras Shirt klebte an der Haut, und die Brille rutschte ihr immer wieder auf die Nase. In der Ferne donnerte es: ein dumpfes, drohendes Brummen. Er übertönte das Rauschen des kleinen Wasserfalls, der sich aus zwanzig Meter Höhe in den Wildbach stürzte. Sie stiegen zum Bach hinunter, tauchten ihre Hände und Arme in das reißende Wasser. Es war eiskalt.
„Klasse!", murmelte Sandra. Sie hielt ihre Brille ins Wasser und putzte sie an ihrem T-Shirt blank.
„Wir müssen da hochklettern." Tim wies Richtung Felshang. Sandra setzte ihre Brille auf.
„Der ist verflixt steil. Gibt es keinen bequemeren Weg?"
„Sei kein Faulpelz. Los!"
Sie kletterten den Hang hinauf, über Geröll und an dichtem Wurzelgestrüpp vorbei. Plötzlich wies Tim triumphierend auf eine Spalte unter einem Felsvorsprung.
„Das Hexenloch! Wir sind da!"

Sandra blies sich eine Haarsträhne aus dem Gesicht. „Da kann doch niemand rein."
„Man täuscht sich", sagte Tim. „Die Höhle ist hundert Meter tief. Da waren schon öfter Spe ... äh ... wie heißen die Leute doch noch?"
„Speläologen."
„Richtig. Die haben mit Seilen und Pickeln die Gänge erforscht." Tim stieg über die Steine. Kleine Erdklumpen und Geröll bröckelten unter seinen Füßen ab.
„Pass auf!", schrie Sandra. „Du brichst dir noch Hals und Beine!"
Tim trat immer näher an den Spalt heran. Eine böse Ahnung stieg in Sandra hoch.
„Du willst doch wohl nicht in das Loch kriechen?"
Tim sah sie über die Schulter an. „Nur schnell einen Blick hineinwerfen!"
„Aber das ist doch gefährlich!"
„Quatsch."
„Du wirst nichts sehen. Es ist stockfinster darin!", schrie Sandra.
„Ich habe an alles gedacht." Tim zog grinsend eine Taschenlampe hervor und schwenkte sie.
„Du spinnst ja!", schrie Sandra noch lauter. „Die Höhle ist sicher voller Fledermäuse."
„Eben darum. Die will ich mir anschauen. Fledermäuse sind interessant. Die haben eine Art Radar im Kopf. Hast du das gewusst?"
„Mir egal!" Sandras Stimme überschlug sich. Sie war die Ältere. Passierte dem Dickschädel was, bekam sie die Schuld. Sie zog sich mit weichen Knien an den letzten Felsblöcken hoch, als ein Blitz über den schwefelgelben Himmel zuckte. Ein Donnerschlag krachte. Sandra zog den Kopf ein.
„Tim! Gleich geht das Gewitter los!"
Keine Antwort. Tim war wohl schon so tief in die Höhle eingedrungen, dass er sie nicht mehr hörte.
„So ein Mist!", fauchte Sandra.

Ächzend erreichte sie den Eingang. Behutsam, um nicht mit dem Kopf an einen Stein zu stoßen, zwängte sie sich unter den überhängenden Felsen durch. Warme, modrige Luft schlug ihr entgegen. Durch die beschlagenen Brillengläser sah sie zuerst alles nur verschwommen. Dann gewöhnten sich ihre Augen an die Dunkelheit. Tims Umrisse wurden im Licht der Taschenlampe sichtbar.

„Toll!", rief er. „Hier kann man sogar stehen."

Seine Stimme hallte seltsam in der Höhle. Sandra bekam eine Gänsehaut.

„Geh nicht weiter! Das ist bestimmt verboten."

„Wieso? Es ist doch nirgends ein Schild angebracht. Da, halt mal die Taschenlampe!"

Er drückte Sandra die Lampe in die Hand. Das kleine, gelbe Licht hüpfte über Felsvorsprünge und Gestein. Ein Wurm ringelte sich am Boden, und Vogeldreck klebte an den Wänden.

„Hier ist eine Öffnung!", rief Tim. „Wohin die wohl weiterführt?" Sandra trat vorsichtig näher und senkte die Taschenlampe. Der Lichtstrahl tauchte in ein finsteres Loch, das fast senkrecht in die Tiefe fiel. Tim beugte sich vor und spähte hinein.

„Geh nicht zu nahe!", warnte ihn Sandra. „Ohne Seil kommst du nicht weiter. Und ein Erwachsener müsste dabei sein."

Sie stockte und kreischte laut auf. Dumpfes Flügelschlagen, kratzende Geräusche und erregtes Piepsen erfüllten plötzlich die Stille. Kleine Schatten zuckten und schwirrten im Lichtschein. Eine Fledermaus streifte mit ihren Flügeln beinahe Sandras Gesicht.

„Igitt!" Sandra schlug wild mit den Armen um sich und schüttelte sich.

„Stell dich doch nicht so an!", rief Tim. „Wir haben sie nur im Schlaf gestört! Fledermäuse sind nützliche Tiere. Die fressen Schädlinge, keine wehleidigen Schwesterchen."

„Ich will hier raus!", schrie Sandra, am Rande einer Nervenkrise.

„Mensch, bist du ein Feigling. Warte doch wenigstens, bis ich …"
Tim sprach den Satz nicht mehr zu Ende: Das morsche Gestein bröckelte unter seinen Turnschuhen ab und der Boden unter ihm gab plötzlich nach. Während er sein Gleichgewicht suchte, machte er instinktiv eine Vierteldrehung um sich selbst, was ihn davor bewahrte, kopfüber in den Abgrund zu stürzen. In panischer Angst klammerte er sich an einem Felsvorsprung fest. Zitternd tastete er mit den Füßen nach Halt. Er berührte einen Stein, auf dem er stehen konnte. Doch die Wand bröckelte weiter ab, und er spürte, wie sich auch der Stein unter seinem Fuß lockerte. Das lose Gestein sauste prasselnd in unvorstellbare Tiefen. Sandras angsterfüllte Stimme durchbrach die eintretende Stille.
„Tim! Bist du verletzt?"
„Keine Sorge … ich lebe noch!", keuchte Tim. „Aber der Stein wackelt …"
Sandras Hand zitterte derart, dass sie beinahe die Taschenlampe fallen ließ. Vorsichtig kroch sie näher. Das Licht erhellte den Schacht, huschte über Tims blaues T-Shirt, richtete sich auf sein bleiches, verschrammtes Gesicht mit den blinzelnden Augen.
„Hast du dir weh getan? …"
„Mein … mein Fuß", stotterte Tim. Sandra holte gepresst Atem.
„Warte. Ich helfe dir."
Während sie sich bäuchlings auf den Boden legte, hörte sie ihr Herz hart und schwer gegen die Steine schlagen. Dann streckte sie ihre freie Hand aus. Tim sah Sandras Hand über sich und versuchte, sie zu packen. Doch der Stein unter seinem Fuß gab nach und Tim rutschte noch tiefer nach unten.

„Ich kann nicht …", stammelte er nun voller Entsetzen. Eine einzige unbedachte Bewegung, und er stürzte ab. Sandra setzte die Brille auf der Nase zurecht. Sie leuchtete mit der Taschenlampe in den Schacht und schätzte die Entfernung, die

sie von ihrem Bruder trennte. Es waren knapp zwei Meter, vielleicht auch drei. Sie erkannte einen größeren Felsvorsprung etwa einen halben Meter neben dem wackelnden

Stein, auf dem ihr Bruder zitternd stand. Sie klemmte die Taschenlampe in ihren Gürtel. Dann drehte sie sich geschmeidig um neunzig Grad und ließ sich vorsichtig hinabgleiten, wobei sie sich da an den Rand klammerte, wo er fest zu sein schien. Erst baumelten ihre Beine ins Leere, ihre Füße tasteten nach Halt. Endlich fand sie einen größeren Stein. Sie verlagerte ihr Gewicht, doch da rutschte ihr linker Fuß ab und ihr Schienbein prallte heftig gegen eine Kante. Wieder löste sich ein Regen kleiner, polternder Steine. Sandra unterdrückte einen Schmerzenslaut. Zentimeter für Zentimeter ließ sie sich weiter herunter, bis sie endlich auf dem Felsvorsprung sicheren Halt fand. Dann streckte sie ihrem Bruder eine Hand entgegen, mit der anderen krallte sie sich am Rand des Abgrundes fest.
„Hier!“, ächzte Tim. Ihre Finger berührten sich. Er packte ihre Hand und klammerte sich so ungestüm daran, dass Sandra glaubte, ihr Arm würde aus dem Gelenk gerissen. Sie biss sich so hart auf die Lippen, dass sie sofort diesen Geschmack von Blut auf der Zunge spürte. Es schien ihr, als hinge Tim mit seinem ganzen Gewicht an ihrer Hand. Plötzlich drohten Tims Finger aus ihrer schwitzenden Hand zu gleiten. Sie stöhnte vor Schreck. Doch schon war es ihm gelungen, auf dem Felsvorsprung neben Sandra Fuß zu fassen. Sie ließ seine Hand los. Tim suchte mit seinen Händen über dem bröckelnden Rand nach Halt und versuchte hochzuklettern. Sandra schob ihn mit ihrem freien Arm über den Rand hinauf. Endlich lag Tim mit halbem Oberkörper auf der Felskante. Sandra kletterte nach. Mit letzter Kraft stemmten sich beide hoch, bis sie schließlich auf dem flachen Boden lagen.

Eine Weile rührte sich keiner. Beiden klebten vom Schweiß die Kleider. Ihr Brustkorb hob und senkte sich stoßweise, und nur ihr rasselnder Atem war in der Dunkelheit zu hören. Sandra raffte sich als Erste auf. Jeder Muskel tat ihr weh, ihr aufgeschrammtes Schienbein blutete und auf der Zuge hatte sie dieses klebrige Gefühl von Blut.

„Los!“, stöhnte sie. „Nichts als raus hier!“
Tim richtete sich taumelnd auf, sackte aber mit einem Schmerzensschrei wieder zusammen.
„Au, mein Knöchel!“
Sandra umfasste seine Schultern, zog ihn hoch und stützte ihn.
„Komm nach draußen. Hier sieht man ja nichts.“
Gerade als sie aus der Höhle krochen, erschütterte ein gewaltiger Donnerschlag den Himmel. Ein Windstoß ließ die Äste knarren. Die ersten dicken Regentropfen fielen durch das Blättermeer. Ein Geruch feuchtwarmer Erde stieg auf.
„Jetzt geht auch hier draußen die Hölle los!“, jammerte Sandra. „Und was wird aus meinem Haar?“
Sie bückte sich, um Tims Fuß zu untersuchen. Der Knöchel war blutunterlaufen und angeschwollen.
„Gebrochen ist er wahrscheinlich nicht“, stellte sie fest, „aber ganz sicher verstaucht.“
Tim schwieg. Irgendwo in seinem Kopf musste ein Kurzschluss sein. Er wusste nur, dass seine Ferien im Eimer waren.

„Komm, steh auf!“, sagte Sandra und stützte ihn.
Mit äußerster Anstrengung schleppten sie sich den Hang hinunter. Der Wind verstärkte sich, die Blätter rauschten, und eisige Regentropfen schlugen ihnen ins Gesicht. Blitze schnellten aus den Wolken, Donnerschlag krachte auf Donnerschlag. In kürzester Zeit waren Sandra und Tim bis auf die Haut durchnässt. Tims Fuß schmerzte so heftig, dass er kaum auftreten konnte, und Sandra sah fast nichts mehr durch die nasse Brille. Nur im Schneckentempo kamen sie vorwärts. Endlich entdeckten sie zwischen den Bäumen den Weg, der vom Blausee zur Landstraße führte. Langsam quälte sich Tim, auf seine Schwester gestützt, vorwärts.
Erst als der Regen schwächer wurde und sie das Dorf schon fast erreicht hatten, brach Sandra das Schweigen: „Du erbärmlicher Schafskopf! Du hättest hundert Meter tief fallen und tot sein können.“
„Das weiß ich selbst“, gab Tim kleinlaut zu.

Sandra schniefte. „Was sagen wir nur den Eltern? Wir kriegen ganz schön was aufs Dach."
„Du sicher nicht", sagte Tim gepresst. „Du wolltest ja von Anfang an nicht in die Höhle."
„Mitgegangen, mitgefangen", meinte Sandra. „Wir sitzen beide in der Tinte."
Tim humpelte weiter mit finsterem Gesichtsausdruck. Man hörte nur das Rauschen des Regens und das schmatzende Geräusch ihrer Turnschuhe im Schlamm. Auf einmal räusperte sich Tim.
„Du ... ich glaube, du hast mir das Leben gerettet."
In Sandras Nase kribbelte es, und sie musste laut niesen. Ein Schnupfen! Das fehlte auch noch!
„Schon möglich", brummte sie. „Aber es tut mir jetzt schon leid."
Tim sah sie von der Seite an.
„Mein Freund Robert an deiner Stelle hätte nie gewagt mich zu retten. Der tat wer weiß wie selbstbewusst, aber wenn es hart auf hart ging, verlor er die Nerven. Du nicht. Du ... du warst super!"
Sandra bekam einen roten Kopf. Dieses Lob hätte sie von Tim nie erwartet!
„Na ja", sagte sie spröde. „Ich bin ja auch deine Schwester. Das verpflichtet."
Tims Fuß schmerzte pochend. Von Zeit zu Zeit blieb er auf einem Bein stehen wie ein Storch und wartete, bis der Schmerz sich beruhigte. Das Dumme war wirklich nur, dass seine Schwester manchmal so zimperlich sein konnte. So eine richtige blöde Ziege. Und dann wieder so großartig wie heute.

Die Bronzemedaille

„Heute war's ganz schön aufregend", sagte Ben. Er nahm Kartoffeln aus der Schüssel und häufte einen Berg auf seinen Teller. Linda sah ihm zu und machte große Augen. „Da hat doch Max im Schwimmbad plötzlich einen Krampf oder so was Ähnliches bekommen. Er hat wie wild um sich geschlagen und um Hilfe gebrüllt!" Er zerdrückte die Kartoffeln in der Soße und führte eine Gabel voll in den Mund.
„Wenn du weiterhin so viel Kartoffeln isst, wirst du rund wie ein Fass!", bemerkte Linda. „Und solltest du dann mal einen Krampf bekommen, kann dich niemand aus dem Wasser holen. Doch erzähl weiter! Wie war das mit dem Max?"
„Na! ... der ist zwei- oder dreimal untergetaucht, hat Wasser geschluckt. Keiner hat sich herangewagt, jeder hatte Angst, ebenfalls unter Wasser gezogen zu werden. Als die Sportlehrerin es bemerkte, ist sie hingeschwommen, hat ihn von hinten gefasst und herausgeholt. Wie ein halbtoter Fisch lag er da. Dann ist ihm schlecht geworden und er hat auf Renates Turnschuhe gekotzt."
„Wir essen!", bemerkte Linda.
„Na, und? Er konnte ja schließlich nichts dafür!"
„Es hat sich also keiner von euch getraut, ihm zu Hilfe zu kommen?", fragte der Vater.
„Nee! War viel zu gefährlich. Wir hatten alle Schiss!"
„Ihr habt aber gesehen, dass er dem Ertrinken nahe war?"
Ben nahm sich ausgiebig Tomatensalat.
„Klar! Aber was sollten wir tun?"
„Ihn herausholen, zum Beispiel", sagte der Vater.
„Pah!", meinte Linda verächtlich, „die waren ja alle viel zu feige!"
„Was heißt da feige? Vorsichtig waren wir, weiter nichts."
„Es gehört schon Mut dazu, jemandem in einer gefährlichen Lage zu helfen", meinte die Mutter.
„Nicht nur Mut, sondern auch Nerven", sagte Linda. „Keine Ahnung, was ich getan hätte ..."

„In Ohnmacht wärst du gefallen!" Bedächtig kaute Ben weiter.
„Das ist nicht gesagt." Linda überlegte. „Mir scheint, es gibt zwei Arten von Mut: den inneren und den äußeren."
Ben rollte bedeutsam die Augen. „Sorry! Zu hoch für mich!"
„Eine Leuchte bist du nicht und wirst du wohl nie sein", seufzte Linda ungeduldig. „Was ich damit sagen will: manche wissen, dass eine Sache gefährlich ist, und tun sie trotzdem, weil es nicht anders geht. Und dann gibt es welche, die einfach das Richtige im richtigen Augenblick tun, ohne auch nur eine Sekunde darüber nachgedacht zu haben. Das finde ich großartig", setzte sie noch hinzu.
„Gut gesagt", meinte der Vater. „Glaubt ihr, dass Kinder mutig sein können?"
Ben und Linda blickten sich an.
Linda zog die Schultern hoch. „Kommt darauf an! Jedenfalls kenne ich niemanden. Ich glaube, die meisten sind feige oder gleichgültig."
„Vielleicht fehlt ihnen einfach die Gelegenheit, Mut zu beweisen", sagte Mama.
„Die Gelegenheit bot sich ja heute morgen." Linda schaute auf Ben. „Was hast du bewiesen?"
„Eben. Dass ich ein feiger Hund bin."
„So!", sagte der Vater.
Sie schoben die Stühle zur Seite und verließen den Tisch. Der Vater setzte sich in seinen Sessel und zündete die Pfeife an. Mama bereitete Kaffee. Linda und Ben räumten den Tisch ab und stellten das Geschirr in die Spülmaschine. Als sie aus der Küche kamen, sagte der Vater: „Zehn Minuten Mittagsruhe kann nur von Vorteil sein. Wenn ihr nicht die Absicht habt, jetzt schon davonzurennen, will ich euch eine Geschichte erzählen."

„Zum Thema Mut?", wollte Ben wissen.
„So ungefähr."
Sie setzten sich, Linda auf den Teppich und Ben auf eine Sessellehne.

„Also ... da war ein Junge, dreizehn Jahre alt. Nennen wir ihn Stefan. Er war kräftig, sportlich, ein begeisterter Schwimmer."
„Der kotzte sicherlich nicht in Turnschuhe, wenn er einen Krampf hatte", bemerkte Ben.
„Erzählt der Vater oder erzählst du eine Geschichte?", fragte Mama, während sie Milch in den Kaffee gab.
„Jeden Tag ging er zur Schwimmhalle und trainierte", fuhr der Vater unbeirrt fort. „Um ungestört zu sein, suchte er sich Stunden aus, wo wenig Leute anwesend waren. So kam es, dass er eines Tages nur mit einem älteren Herrn das Becken teilte, der am entgegengesetzten Ende hin und her schwamm. Plötzlich bemerkte Stefan, dass der Mann seinem Blickkreis entschwunden war, ohne dass er ihn hatte fortgehen sehen. Fast im

gleichen Augenblick entdeckte er im Wasser einen dunklen Schatten. Stefan stieg aus dem Becken, rannte zur anderen Seite und sah, wie der Mann bewegungslos im Wasser lag."
„Mensch ... spannend!"
„Unterbrich ihn doch nicht immer!", fauchte Linda. „Und dann?"
„Ein Satz: Schon war Stefan untergetaucht. Er packte den Mann und zog ihn an die Oberfläche. Verzweifelt versuchte er, den Kopf des Ohnmächtigen über Wasser zu halten. Dabei rief er um Hilfe, so laut er konnte. Der Körper war so schwer, dass Stefan ihn kaum stützen konnte. Mehrere Male entglitt er ihm und ging unter, und jedes Mal tauchte Stefan, zog ihn wieder an die Oberfläche und schrie um Hilfe. Endlich wurde der

Bademeister aufmerksam. Zusammen mit Stefan zog er den Mann aus dem Wasser und begann sofort ihn zu beatmen. Er schickte Stefan zur Kassenfrau. Sie solle den Rettungswagen rufen. Nach einiger Zeit erwachte der Mann aus seiner Ohnmacht. Er wurde zur Überwachung ins Spital gebracht.

Als der Mann später hörte, dass er Stefan sein Leben verdankte, war er so gerührt, dass er bei einer Zeitung anrief und von Stefans mutiger Tat berichtete. So kam es, dass die Geschichte der Öffentlichkeit bekannt wurde."
„Hatte der Mumm in den Knochen, der Stefan!", sagte Linda. „Nimm dir ein Beispiel an ihm, Ben!"
„Die Geschichte hat eine Fortsetzung", sagte der Vater. „In Amerika wurde vor einigen Jahren eine internationale Stiftung gegründet, die besonders mutige Taten mit einer Gold-, Silber- oder Bronzemedaille belohnt. Diese Stiftung, sie nennt sich Carnegie-Stiftung, ehrte Stefan mit der Bronzemedaille."
Ben pfiff zwischen den Zähnen.
„So ein Schwein hätte ich auch haben mögen, der ist wirklich zu beneiden!"
„Glaubst du?" Der Vater sprach eindringlich. „Als Stefan die Medaille überreicht werden sollte, konnte er an der Feierlichkeit nicht teilnehmen. Ein Beauftragter der Carnegie-Stiftung brachte ihm seine Auszeichnung ins Spital, ins Behandlungscenter für Querschnittgelähmte, wo er an einen Rollstuhl gefesselt war." Linda und Ben starrten ihn an.
„Das ist doch nicht möglich! Wie konnte er einem Menschen das Leben retten, wenn er selbst gelähmt war?"
„Das ist erst später eingetreten", erwiderte der Vater. „Ich sagte euch, dass Stefan ein besonders sportlicher Junge war. Eines Tages schaukelte er im Garten seiner Eltern an einem Trapez, das er an einem Baum befestigt hatte. Ein Ast brach unter seinem Gewicht. Stefan stürzte so unglücklich, dass er sich die Wirbelsäule verletzte. Nun ist er für sein Leben lang gelähmt. Aber sein Mut ist ungebrochen. Er will studieren und

sein Ziel ist, einmal Arzt zu werden. Ihr könnt euch sicherlich vorstellen, was die Überreichung der Carnegie-Medaille für ihn bedeuten musste …"

Betretenes Schweigen. Der Vater stopfte die Pfeife.
Nach einer Weile fragte Ben: „Ist die Geschichte wahr?"
„Ja", sagte der Vater. „Sie ist wahr."
Abermaliges Schweigen. Linda wippte auf den gekreuzten Beinen hin und her. Ben trommelte gedankenverloren mit der Fußspitze gegen den Sessel.
„Nun …", fragte der Vater, „was haltet ihr von Stefan?"
„Verdammt große Klasse!", seufzte Linda.
„Man kommt sich da ganz klein und erbärmlich vor", setzte Ben hinzu.
„Es war ein Junge wie du und jeder andere", sagte der Vater. „Mut ist eine Eigenschaft, die in extremen Situationen hervorbricht. Die Umstände wollten es, dass Stefan vor seinem vierzehnten Lebensjahr mehr Mut zeigte als die meisten Menschen in ihrem ganzen Leben. Niemand weiß im Voraus, wann solche Augenblicke kommen. Dann bleibt es jedem Einzelnen überlassen, mutig oder feige zu sein … Mut hat viele Gesichter!"
„Feigheit auch", sagte Ben und Linda nickte zustimmend.
„Vielleicht sollten wir für Feiglinge mehr Verständnis aufbringen", sagte die Mutter. „Jeder Mensch ist anders. Es liegt an uns, jeden in seiner ihm eigenen Art zu verstehen und anzunehmen."
„Sie hat Recht!", schloss der Vater. „Auch Verständnis hat viele Gesichter!"

Wie Märchen wahr werden

Als Nico acht war, ging er mit der Mutter ins Theater. „Schwanensee“ hieß das Stück. Eigentlich hatte Nico keine Lust mitzukommen, wollte lieber mit seiner Elektronik spielen. Übel gelaunt saß er da, langweilte sich, ließ die Beine baumeln, bis die Musik erklang und der Vorhang sich hob. Da wurde er aufmerksam. Die Geschichte handelte von einem Prinzen, der an seinem Geburtstag eine Armbrust geschenkt bekommt. Er geht zum Jagen in den Wald. Da lassen sich Schwäne auf einem See nieder, zeigen sich plötzlich in ihrer wahren Gestalt: sie sind unglückliche Mädchen, die ein Zauberer gefangen hält. Die Schönste von ihnen bittet um Hilfe. Der Prinz schlägt den bösen Zauberer in die Flucht. Doch er bricht sein Versprechen, der Schwanenprinzessin treu zu sein, und verliert sie für immer. Die Schwäne ziehen von dannen, der Prinz bleibt verzweifelt zurück.

Als der Vorhang sich schloss und Beifall die Darstellerinnen und Darsteller belohnte, saß Nico ganz benommen und mit heißen Wangen da: er hatte sich, ohne es zu wissen, in die Schwanenprinzessin verliebt.
Zu Hause begann Nico im Schlafzimmer vor dem Spiegel Luftsprünge zu üben. Wenn die Mutter ihn dabei ertappte, wurde er verlegen. Er ging mit anderen Jungen zum Fußballplatz. Aber richtig begeistert war er nicht mehr. Außerdem war er viel zu dünn, wuchs zu schnell, hatte immer Hunger. Vor dem Mittagessen bekam er Magenkrämpfe, brüllte durchs ganze Haus und hieß nur noch die „Mittagssirene“. Der Arzt schlug vor, er sollte mehr Sport treiben. Turnen, zum Beispiel, das stärke die Muskeln. Der Vater sagte, halb im Spaß: „Vielleicht sollte er Ballettstunden nehmen?“ Nico hatte nichts dagegen. Folglich machte sich die Mutter auf die Suche nach einer geeigneten Schule und fand eine Lehrerin, die ihr sympathisch war.

Frau Kowalska lobte Nicos Beweglichkeit, seine schöne Haltung, sein gutes Gefühl für Musik. „Der Junge ist begabt", meinte sie. Frau Kowalskas Ballettschule war in Fachkreisen bekannt. Viermal in der Woche, nach Schulschluss, ging Nico in den Unterricht. Daneben lernte er ausgezeichnet und war in der Klasse beliebt. Klar hatte er es nicht immer leicht. Dumme Bemerkungen war er gewohnt. Ballett sei doch etwas für Mädchen, hieß es. Nico war da anderer Meinung. Er war ein freundlicher Junge, konnte sich jedoch wehren. Griff man ihn an, verschaffte er sich Respekt. Dann und wann ließ ihn Frau Kowalska bei kleineren Aufführungen als Solist auftreten. Tanzen war einfach unbeschreiblich schön.
„Es ist, als ob ich Gott auf der Bühne sehe", sagte er einmal zu Frau Kowalska. „Ich kann es nicht besser ausdrücken", setzte er etwas verunsichert hinzu, weil sie ein komisches Gesicht machte.
Aber Frau Kowalska erwiderte: „Doch, ich weiß genau, was du sagen willst."

Nico wurde vierzehn, da kam ihm der Gedanke, dass Tanzen ja auch sein Beruf sein könnte. Und Nico war so gut, dass Frau Kowalska offen zu den Eltern sprach: „Dem Jungen steht eine große Karriere bevor. Aber er benötigt jetzt bessere Lehrer." Sie schlug vor, dass Nico die Hochschule für Musik und darstellende Kunst besuchen sollte. Die Eltern reagierten betroffen. Gerade jetzt hatten sie große Geldsorgen. Die Mutter machte Krankengymnastik und verdiente nicht viel. Und der Vater als Laborant war seit acht Monaten arbeitslos. Die Eltern verfielen nicht in Katastrophenstimmung, aber was, wenn es mit dem Geld noch schlimmer würde? Und lohnte sich die teure Ausbildung ihres Sohnes überhaupt?
„Unbedingt!", sagte Frau Kowalska. Und sie zeigte eine mögliche Lösung auf: in sechs Monaten wurde Nico fünfzehn. Da konnte er an einem Wettbewerb teilnehmen, bei dem Lehrer aus ganz Europa anwesend waren. Wurde er ausge-

wählt, erhielt er die Chance, ein Jahr lang kostenfrei an einer berühmten Ballettschule studieren zu können.
Nico nahm sich fest vor, zu den Besten zu gehören. Unter Frau Kowalskas Anleitung übte er hart und zielstrebig jeden Tag. Natürlich durfte auch die Schule nicht zu kurz kommen. Abends war Nico todmüde. Aber er machte weiter und ließ sich durch nichts entmutigen.

Der Tanzwettbewerb fand in einem Theater statt und dauerte eine Woche. Über hundert junge Tänzerinnen und Tänzer hatten sich angemeldet. Nico war einer der Jüngsten. Jeden Morgen, nach den Dehnübungen zum Aufwärmen und dem Bodentraining, fanden die Unterrichtsstunden vor den Augen der Tanzlehrer statt. Eine Pianistin spielte, die jugendlichen Tänzerinnen und Tänzer gaben sich die größte Mühe, aber die Fachleute bemerkten jede schlechte Haltung, jede falsche Armbewegung. Immer schwieriger wurden die Übungen, immer mehr Schüler schieden aus. Nico hatte, wie jeder Tänzer, zwei Stücke einstudiert: ein klassisches und ein modernes. Jede Darbietung dauerte drei Minuten. Nico schaffte es ins Halbfinale. Da blieben noch dreißig Schüler übrig. Nico tanzte weiter, er wollte, dass sein Traum in Erfüllung ging! Das Finale fand dann auf der Bühne vor dem Publikum statt. Fünfzehn Schülerinnen und Schüler waren ausgewählt worden. Nico gehörte dazu.
Der große Tag kam. Das Publikum strömte in den Saal. In der achten Reihe saßen mit Herzklopfen die Eltern. Dass Nico es bis zum Finale geschafft hatte, erfüllte sie mit Freude und Stolz. Würde er bis zum Schluss durchhalten? Inzwischen schlüpften die jungen Tänzer in ihre Kostüme, wurden frisiert und geschminkt. Alle hatten entsetzliches Lampenfieber. Die Spannung wuchs. Die Tanzlehrer nahmen ihre Plätze ein. Fotografen drängten sich vor dem Orchesterraum und zu beiden Seiten der Bühne waren Fernsehkameras aufgestellt.
Der rote Samtvorhang teilte sich. Die Scheinwerfer brannten. Die Pianistin saß kerzengerade in ihrem schwarzen Kleid, ließ

die Hände über die Tasten schweben. Die Ansagerin nannte den Namen der Tänzer und das Stück, das sie aufführen würden. Nico stand im Hinterbühnenraum und hatte Magenschmerzen vor Aufregung. Er hörte die Musik, den Applaus, die steppenden Geräusche der Ballettschuhe. Er hatte Durst, feuchte Hände und kalte Füße.

Jetzt gleich war er an der Reihe. Er würde den Prinzen aus dem „Schwanensee" tanzen – jene Märchengestalt, die er als Achtjähriger so bewundert hatte. Die Ansagerin rief Nicos Namen auf. Er vergaß alles, richtete die Augen auf die Bühne. Die Musik setzte ein. Nico flog in den erleuchteten Raum. Jetzt erlebte er das Märchen, jetzt war er selbst der Prinz. Wie glücklich er war, wie beschwingt und frei er sich fühlte! Er tanzte, er sprang! Ein bewunderndes Murmeln stieg aus dem Saal auf. Nico schwebte durch die Luft, von seiner Phantasie mitgerissen, wie von jeder Schwerkraft befreit. Scheinbar mühelos führte er jede Drehung auf, streckte sich federnd empor. Doch was geschah da? Plötzlich hörte Nico ein seltsames Knacken, ein Schmerz schoss durch sein linkes Knie, das Bein wurde kraftlos, schwer. Nico knickte zur Seite, verlor fast das Gleichgewicht. Ein Seufzer stieg aus dem Publikum. Nicos Eltern hielten voller Schrecken den Atem an. Mit ungeheurer Anstrengung gelangen Nico noch zwei Laufsprünge, bevor er in die Schlussstellung auf ein Knie fiel, den Kopf zurückwarf und grüßte. Er hörte kaum noch, wie Applaus losbrach, wie die Zuschauer ihm ihre Zuneigung spüren ließen. Der Schmerz war zu entsetzlich! Irgendwie gelang es ihm, sich aufzurichten, sich mit letzter Kraft zu verbeugen. Zwei Techniker liefen ihm entgegen und stützten ihn, als er die Bühne verließ. Und schon kündigte die Ansagerin die nächste Tänzerin an.

Die Techniker brachten Nico in den Hinterbühnenraum. Dort setzte er sich vorsichtig auf einen Stuhl. Auf seiner Stirn perlten Schweißtropfen, er wiegte sich vor Schmerz hin und her. Die Tänzer bildeten eine betroffene Gruppe um ihn. Unfälle

auf der Bühne sind nicht selten. Und kein Künstler empfindet Genugtuung dabei, im Gegenteil. Der Schmerz des einen geht dem anderen unter die Haut. Inzwischen kam auch die Ärztin, die für die Betreuung der Tanzschüler verantwortlich war. Sie untersuchte Nicos stark angeschwollenes Knie, das sich allmählich ins Bläuliche verfärbte.
„Wahrscheinlich nur verstaucht", sagte sie beruhigend. „Du hast Glück gehabt. Zur Sicherheit machen wir dann noch ein Röntgenbild. Aber du musst ein paar Tage liegen, Kompressen machen und das Bein schonen. In einem Monat kannst du schonend wieder anfangen zu arbeiten."
Während die Ärztin einen Verband anlegte, begann Nico heftig zu zittern.
„Fertig!", dachte er voller Verzweiflung. „Aus und vorbei! Das Stipendium ist weg. Meine Eltern können den Unterricht nicht selbst bezahlen. Ich muss das Tanzen aufgeben."

Die Wettbewerbsvorstellung war vorüber. Alle jungen Tänzerinnen und Tänzer hatten ihr Bestes gegeben. Nach der Pause, die kurz war, betraten die Fachleute die Bühne und riefen die Kandidaten zur Preisverleihung auf. Nicos Name war nicht dabei. Im Hinterbühnenraum herrschte ein ständiges Kommen und Gehen: Lehrer, Organisatoren, Fernseh- und Radioreporter. Nico saß ganz ruhig, in seinem Pullover eingehüllt. Er wartete auf seine Eltern, versuchte mit aller Kraft, nicht zu weinen. Er zog ein paar Mal die Nase hoch, wischte sich über die verklebten Augen, als ihm aus dem milchigen Tränenschleier eine Gestalt entgegentrat. Nico hob den Kopf und blinzelte verwirrt. Vor ihm stand eine Fee.
Sie trug ein langes, glitzerndes Kleid, hatte silberweißes Haar und ein Gesicht, das ihm wunderschön vorkam. Behutsam legte sie ihre schmale Hand auf sein Knie und fragte, ob er Schmerzen hätte.

Nico schluckte.
„Es geht."

„Weißt du, wer ich bin?", fragte die Frau.
Nico erkannte sie plötzlich. Es gab viele bedeutend Tänzerinnen. Sie aber war einst die Berühmteste gewesen.
Sie nickte lächelnd, als er scheu ihren Namen aussprach.
„Ja, und jetzt leite ich eine Privatschule in London." Sie nannte den Namen der Schule, auch diese war Nico bekannt. Die weltbesten Tänzer waren dort ausgebildet worden.
„Ich habe dich gut beobachtet", fuhr sie fort. „Nicht nur, dass du schön und harmonisch tanzt. Du hast viel Willenskraft und Mut. Als ich so alt war wie du, habe ich mir auch mal das Knie verstaucht. Ich weiß, wie furchtbar weh das tut."
„Ach", fragte er interessiert. „Haben Sie auch versucht, weiterzutanzen?"

Sie kniff verschmitzt die Augen zu: „Nein, ich habe mich auf den Boden gesetzt und geheult. Du nicht. Das hat mich beeindruckt."
Da standen schon, erschrocken und betrübt, Nicos Eltern da. Beide hatte jegliche Hoffnung verloren. Doch die Frau sagte, sie sollten nicht traurig sein, denn sie wollte aus Nico einen wunderbaren Tänzer machen. Sie würde ihn in London in ihrer Privatschule unterrichten. Er würde in einem Internat wohnen, ohne dass er etwas dafür bezahlen müsste. Großzügige Spender hatten nämlich eine Stiftung gegründet, die begabten Kindern bei der Ausbildung half.

Wie es weiterging? Nico studierte in London, wurde ein berühmter Solist und tanzte auf allen großen Bühnen dieser Welt. Und Jahre später, als er in Berlin im „Schwanensee" auftrat, wurde ihm eine neue Partnerin vorgestellt. Als Nico sie sah, begann sein Herz heftig zu schlagen. Die ihm zulächelnde Schwanenprinzessin war keine Unbekannte. Sie kam aus jenem Land der Vorstellungen und Wünsche, das er seit seiner Kindheit nie richtig verlassen hatte. Beide tanzten viele Jahre zusammen, heirateten und wurden sehr glücklich. Aber das ist eine andere Geschichte.

Diebe in der Nacht

Zehn nach acht. Milena öffnete die Klassentür und schlich, während sich zwanzig Augenpaare auf sie richteten, unter peinlichem Schweigen an ihren Platz. Frau Wille stand vor der Tafel, ein Stück Kreide in der Hand. Sie holte tief Luft und sagte eisig:
„Milena, es ist jetzt das dritte Mal, dass du zu spät kommst. Ich werde noch heute bei deinen Eltern anrufen und sie um ein Gespräch bitten."
Sie drehte der Klasse den Rücken zu und schrieb: „Im Frühling beginnt der Landmann ..." Die Kreide brach ab. Frau Wille schüttelte ärgerlich den Kopf und warf die Stücke in den Papierkorb.
Milena kramte ihre Hefte aus der Schultasche und legte sie auf den Tisch. Warum musste Frau Wille sie vor allen anderen demütigen? Klar – die Lehrerin mochte sie nicht, sie bevorzugte die Schüler, die selbstsicher, lebhaft und hübsch waren. Sie, Milena, hatte ein nichts sagendes Gesicht übersäht mit Pickeln. Überall war sie Nebensache. Selbst Vater und Mutter bevorzugten Thomas, ihren jüngeren Bruder. Thomas war der kleine Strahlemann, mit seinem lustigen Wuschelkopf und ohne Pickel. Alles durfte er: Seine dreckigen Finger an der Tischdecke abwischen, aus Omas Plätzchendose naschen und sonntags zu Vater ins Bett kriechen. Niemand regte sich über den großen Fleck, den er auf den Spannteppich gemacht hatte, auf, nachdem ihm die Ketschupflasche aus der Hand geglitten war! Dagegen waren Milenas schlechte Noten, ihre Schlamperei und ihr ewiges Zuspätkommen Tagesgespräch. „Wenn du dich nicht besserst", hatte die Mutter kürzlich gesagt, „stecken wir dich in ein Internat. Da wird man dich schon in die Zange nehmen!" Milena bekam Bauchweh, wenn sie nur daran dachte.

Milena hatte eigentlich keine Freunde in der Klasse. In der Pause klaute man ihr den Filzschreiber. Felix nannte sie „Tram-

peltier!“ Ruth sagte ganz laut zu Lea, Milena hätte Schuppen – was übrigens stimmte. Darauf bemerkte Lea spitz, dass Milena schmutzige Ohren habe. Das stimmte vermutlich auch. „Milena hat Angst vor Wasser und Seife“, sagte die Mutter oft. Inzwischen tat Milena, als ob sie das kalt ließ. Sie war nun einmal nicht das attraktive, gepflegte Mädchen, das sie im Grunde ihres Herzens sein wollte.
Als die Pause zu Ende war, rief Frau Wille Milena zu sich und sagte gelassen: „Nur damit du es weißt, ich habe soeben mit deiner Mutter gesprochen. Wir werden uns morgen nach der Schule treffen.“
Milena schnürte es die Kehle zu. Ausgerechnet morgen, wo die Mutter zum Zahnarzt musste und sowieso schlechter Laune war! Natürlich würde sie alles brühwarm dem Vater auftischen. Hatte er Ärger im Büro gehabt, platzte ihm leicht die Geduld. Er würde Milena eine kleben, ihre Schultasche durchwühlen, um nachzusehen, ob sie „Bravo“ darin versteckte, und sie heute Abend ohne Fernsehen ins Bett schicken. Und bestimmt würde das heikle Thema „Internat“ wieder auftauchen ...

Um zwölf Uhr war die Schule aus. Alle lärmten und drängten in die Gänge. Milena verließ als Letzte das Klassenzimmer. Sie ging zur Tramhaltestelle, setzte sich hin und wartete. Das Tram kam nach einer Weile. Die Türen öffneten sich, doch Milena stieg nicht ein. Sie saß da und starrte vor sich hin. Als das Tram abfuhr, seufzte sie. Der Vater wurde wild, wenn sie nicht pünktlich zum Essen kam. Fünf Minuten später hielt wieder ein Tram. Wieder ließ Milena es vorbeifahren.
An der Uhr am Postgebäude gegenüber stand der Zeiger auf zwanzig vor eins. Jetzt saßen die Eltern zu Tisch und hörten Nachrichten. Milena zerknüllte ihr Taschentuch. Was tun? Sie hatte Angst, nach Hause zu gehen, aber sie konnte ja auch nicht ewig da sitzen bleiben. Sie erhob sich und schlenderte die Straße entlang. Vor einem Kiosk blieb sie stehen. Ihr Magen knurrte. Sie klemmte die Schultasche zwischen die Knie

und zählte ihr Taschengeld. Es reichte eben noch für eine Tafel Schokolade. Zu Hause durfte sie keine essen. „Das gibt Pickel", sagte die Mutter.

Ein Uhr! Allmählich mussten die Eltern nervös werden. „Die denken bestimmt, ich hätte einen Unfall!" Die sollten sich in Gottes Namen nur schön sorgen! Vielleicht lenkte sie das mal etwas von Thomas ab. Auch sie, Milena, hatte schließlich ihre Daseinsberechtigung.
Die Schultasche schlug gegen ihre Beine, während sie über den Platz lief. An der Straßenecke befand sich ein Warenhaus. Milena verbrachte eine ganze Stunde in der Schallplattenabteilung. Es musste kinderleicht sein, eine Platte zu klauen, man brauchte sie nur in der Schultasche verschwinden lassen. Aber Milena hatte im Fernsehen gesehen, wie ein Warenhausdieb geschnappt wurde. Nein danke, das war ihr doch zu blöd!
Sie trat hinaus. Im Kino gegenüber lief „Harry Potter". Schade, dass sie kein Geld mehr hatte! Es war ein warmer Septembertag. Im Park saßen Mütter auf Bänken und achteten auf ihre Kinder. Größere Jungen spielten Fußball. Milena sah interessiert zu. Die Jungen ihrer Klasse ließen sie nie mitmachen, weil sie daneben schoss und sich die Knöchel verdrehte.
Später schielte sie sehnsüchtig auf das Eis, das ein Mädchen schleckte. Die Spucke lief ihr im Mund zusammen.

Die Schatten wurden länger und länger. Langsam verschwand die Sonne hinter den Häusern. Überfüllte Trams und Autoschlangen stauten sich in den Straßen. „Ich will nach Hause", schoss es Milena durch den Kopf, aber sie verscheuchte diesen Gedanken.
Ob die Eltern wohl die Polizei benachrichtigt hatten? Milena stellte sich die Suchaktion vor. In ihrer Phantasie malte sie sich aus, wie ein Polizist sie blass und halb verhungert in eine warme Decke hüllte. Man reichte ihr eine heiße Schokolade zur Stärkung und dann wurde sie im Polizeiauto, unter lautem

Sirenengeheul, nach Hause gebracht. Die Mutter würde schluchzen und der Vater mit rauer Stimme sagen: „Tut mir leid, den Poster mit den Rolling Stones zerrissen zu haben!" Thomas würde ihre Hand umklammern: „Nicht wahr, jetzt gehst du nie mehr weg?"
Milenas Augen füllten sich mit Tränen. Sie versank in Selbstmitleid. Frau Willes Stimme klang in ihren Ohren: „Ich habe dich immer unterschätzt, Milena. Verzeih, dass ich so streng mit dir gewesen bin ..."

Der kühle Abendwind schreckte sie aus ihren Träumen. Sie fröstelte und zog ihren Pulli über den Kopf. Es wurde dunkel. Alle Schaufenster waren erleuchtet. Fröhliche, elegante Menschen drängten sich in den Restaurants. Milena fühlte sich entsetzlich einsam. Die Schultasche hing schwer an ihrem Arm. Ihre Füße brannten und die Schuhe drückten. Sie setzte sich auf eine Bank am Flussufer und sah zu, wie sich die Lichter im Wasser spiegelten. Vor Hunger brach ihr der Schweiß aus. Da entdeckte sie am Boden in einem fettigen Papier den Rest eines Sandwichs. Jemand hatte neben den Abfallkorb gezielt. Milena hob das Brot auf und biss hinein. Sie vermeinte ihre Mutter zu hören: „Ekelhaft! Du kannst dir wer weiß was für eine Krankheit holen!" Die Butter schmeckte ranzig, und vom Schinken war nur noch der Fettrand übrig geblieben, aber Milena fühlte sich besser. Jetzt ... wo schlafen? Sie sehnte sich nach ihrem Bett. „Durchhalten!", dachte sie. „Lass dich nicht klein kriegen!"
Sie ging zurück in den Park und streifte durch die leeren, stockfinsteren Wege. Plötzlich raschelte es im Gebüsch. Milena fuhr zusammen. Einige Schritte vor ihr stand ein Mann und starrte sie an. Milena sah nur das Weiße seiner Augen und das Glühen der Zigarette. Ihr Herz hämmerte vor Angst. Sie machte kehrt und lief davon. Der Mann folgte ihr ohne den geringsten Laut, wie ein Schatten. Milena rannte schneller. Ihr Herz schlug wie wild, sie bekam Seitenstechen. Endlich blieb sie keuchend stehen und sah sich um. Sie hatte ihren Verfolger

abgehängt, oder er war es leid geworden, ihr zu folgen. Aber hier konnte sie nicht schlafen!

Am anderen Flussufer war eine Gartenanlage. Milena schleppte sich über die Brücke. Eine Wiese grenzte an den See. Die weißen Gestalten der Schwäne bewegten sich in der Dunkelheit, ab und zu schnatterte eine Ente. Es roch nach Erde, Wasser und Moder. Milena kauerte sich unter ein Gebüsch, wo die Wurzeln eine Art Mulde bildeten. Vor Erschöpfung fielen ihr die Augen zu. Sie schlief ein.
Plötzlich erwachte sie, steif vor Kälte. Ihr Rücken schmerzte. Was um Himmels willen hatte sie hier mitten in der Nacht zu suchen? Sie musste nach Hause, sofort! Stöhnend stand sie auf und ergriff ihre Schultasche. Sie war noch nie so spät allein draußen gewesen. Die Straßen waren menschenleer. Nur vereinzelte Autos fuhren vorbei.
Es war bereits halb zwei. Um diese Zeit hatte es keine Trams mehr. Was blieb ihr anderes übrig, sie musste sich zu Fuß auf den Heimweg machen! Milena schlotterte vor Angst, Müdigkeit und Kälte. Sie kam an matt erleuchteten Bars vorbei. Eine Frau lachte, Musik klang auf. Ein Betrunkener torkelte über die Straße. Einmal fuhr ein Auto ganz langsam neben ihr her. Der Mann am Steuer winkte ihr zu. Sie konnte sein Gesicht kaum erkennen. In panischem Entsetzen bog sie in die nächste Querstraße ein, rannte so schnell sie konnte. Sie vernahm nur noch das Geräusch ihrer Schritte, ihres fliegenden Atems und das wilde Pochen ihres Herzens. Das Auto – Gott sei Dank – verfolgte sie nicht.

Im Viertel, wo sie wohnte, waren alle Straßen finster und leer. Milena taumelte vor Erschöpfung. Dazu war es ihr schlecht. Das blöde Sandwich, wahrscheinlich … Ihr Haus stand am Ende der Straße. Sie konnte nicht sehen, ob in der dritten Etage, wo sie wohnte, noch Licht brannte, denn abends ließ die Mutter immer die Jalousien herunter. Milena schritt den Gartenzaun der Nachbarn entlang. Die Helblings waren in den

Ferien. Ja ... was war denn das? Wie angewurzelt blieb sie stehen. Zwei dunkle Gestalten bewegten sich in Helblings Garten. Sie hantierten an dem Fenster im Erdgeschoss herum.

„Einbrecher!“, fuhr es Milena durch den Kopf. Die mussten rausbekommen haben, dass die Nachbarn nicht zu Hause waren. Milena vergaß Kummer, Erschöpfung und Bauchweh. Was tun? Andere Nachbarn wecken? Dafür blieb keine Zeit! Die Polizei anrufen? Weit und breit war keine Telefonkabine. Milenas Gedanken überschlugen sich. Plötzlich kam ihr eine Idee. Frau Gerbers roter VW Golf stand auf der anderen Straßenseite. Sie hatte kürzlich zu Milenas Mutter gesagt, dass sie

den Wagen nie abschließe. „Wozu auch? Wenn ihn jemand stehlen will, kriegt er ihn sowieso auf!" Milena überlegte fieberhaft. Da war vielleicht eine Möglichkeit, den Dieben Angst einzujagen! Vorsichtig stellte sie ihre Tasche gegen den Zaun. Geduckt lief sie über die Straße, auf Frau Gerbers Wagen zu. Nervös drückte ihre Hand den Knopf am Türgriff hinein. Wahrhaftig! Der VW ließ sich öffnen! Mit klopfendem Herzen stieg sie in den Wagen. Sie wusste, wie die Hupe zu betätigen war. Ihr Onkel hatte den gleichen Wagen. Die Einbrecher hatten nichts bemerkt. Durch die Scheibe sah Milena, wie sie Helblings Rollladen hochstemmten. Jetzt! Sie drückte kräftig die Hupe ... Der schallende Ton ließ die Diebe zusammenfah-

ren. Milena hupte noch einmal, anhaltend. Der Lärm erfüllte die ganze Straße. Wie aufgeschreckte Kaninchen liefen die beiden Männer über den Rasen. Sie sprangen über das Gartentor, rannten die Straße hinauf. Dann hörte Milena, wie sich ein Motorrad knatternd entfernte.

Erschöpft lehnte sie sich zurück, sie zitterte am ganzen Körper. Sie merkte nicht, wie im Haus gegenüber ein Fenster aufging und eine Gestalt sich hinauslehnte. Erst als Licht im Treppenhaus aufleuchtete, schreckte Milena hoch. Schon öffnete sich die Haustür. Frau Gerber schritt rasch durch den Garten auf das Auto zu. Sie trug einen hellblauen Morgenrock über ihren Pyjama. Ihr dichtes Haar fiel auf die Schultern.
„Aber Milena!", rief sie verblüfft. „Was machst du denn in meinem Wagen?"
Milenas Zähne klapperten. Stotternd brachte sie hervor: „Da … da vorne bei Helblings waren zwei Einbrecher! Ich … ich habe sie verscheucht …!"
Frau Gerber runzelte die Stirn. „Das wollen wir uns aber mal näher ansehen!"
Sie nahm eine Taschenlampe aus dem Handschuhfach. „Komm!"
Milena folgte ihr mit weichen Knien. Frau Gerber öffnete Helblings Gartentor und leuchtete über den Rasen. „Wahrhaftig! Die Spuren sind deutlich zu erkennen. Und sieh dir das mal an: Der Rollladen hängt ganz schief!" Der Schein der Taschenlampe richtete sich auf Milena, die geblendet blinzelte. „Allerhand, junge Dame! Großartig, wie du die Kerle in die Flucht geschlagen hast!"
Plötzlich veränderte sich ihre Stimme: „Aber sag mal … warum bist du denn um diese Zeit auf der Straße?"
„Ich …", stammelte Milena.
Dann brach sie in Tränen aus, der reinste Wasserfall. Sie erzählte unter Schluchzen, dass sie mit der Lehrerin Probleme hatte, dass sie Angst hatte heimzukehren und dass die Eltern Thomas viel lieber hätten als sie.

„Da bin ich aber überzeugt, dass du dich ganz gewaltig irrst", sagte Frau Gerber, als Milena schniefend Luft holte. Sie zog ein Papiertaschentuch aus der Tasche des Morgenrocks. „Putz dir erst mal die Nase", sagte sie freundlich. Milena gehorchte. Dann umfasste Frau Gerber ihren Arm.
„Komm, ich bringe dich nach Hause. Deine Eltern werden bestimmt in großer Sorge sein."
„M … meine Schultasche", stotterte Milena. „Ich habe … sie irgendwo liegen lassen!"

Schon im Treppenhaus sahen sie, dass in der Wohnung noch Licht brannte. Als Frau Gerber klingelte, öffnete die Mutter sofort. Ihr Gesicht war bleich, ihre Augen gerötet. Der Vater stand im Gang und telefonierte.
„Gott sei Dank! Da kommt sie gerade!", rief er in den Hörer. Er redete erregt weiter und Milena begriff, dass er wahrscheinlich mit der Polizei sprach. Dann hängte er auf. Mit hochrotem Kopf ging er auf Milena zu, die erschrocken zurückwich.
„Wo kommst du denn her?", herrschte er sie an.
Frau Gerber merkte sofort, dass sein Zorn nicht echt war. Er konnte vor Aufregung kaum sprechen.
„Beruhigen Sie sich!", fuhr sie schnell dazwischen. „Milena ist nichts passiert. Ihr Wegbleiben hatte sogar etwas Gutes an sich: Sie verhinderte einen Einbruch!"
„Milena verhinderte was?"
Vater und Mutter trauten ihren Ohren nicht. Um die Stimmung zu lockern, brach Frau Gerber in Lachen aus.
„Wenn es Sie nicht stört, dass ich im Morgenrock hier bin, werde ich Ihnen alles erzählen! …"

Vier Uhr morgens. Milena war noch nie so lange aufgeblieben und musste andauernd gähnen. Sie starrte verschüchtert auf den Polizisten, der im Salon stand und sich Notizen machte. Sein Kollege, der inzwischen die Spuren in Helblings Garten untersuchte, kam eine Weile später zurück. Frau Gerber hatte

seine Fragen beantwortet und sich dann verabschiedet. Von Milenas Verschwinden war jetzt kaum noch die Rede: Alle lobten ihre Kaltblütigkeit! Sie hatte ein Glas warme Milch heruntergestürzt und eine ganze Schüssel Apfelkompott geleert. Jetzt fielen ihr fast die Augen zu.
Endlich gingen auch die Polizisten. Als sie weg waren, hüstelte der Vater ...
„So, und jetzt wird erst mal geschlafen!"
Er fuhr mit der Hand durch Milenas Haar.
„Dass du mir nicht noch einmal solche Geschichten machst!", brummte er, und Milena spürte einen Kloß im Hals.
„Kann ich schnell noch Thomas sehen?", fragte sie. „Der schläft friedlich und hat von allem nichts gemerkt", sagte die Mutter.
Milena öffnete leise die Tür zu Thomas' Zimmer. Der kleine Bruder lag in tiefem Schlaf. Ein Bein hing aus dem Bett. Milena schob es behutsam unter die Decke. Sie drückte einen Kuss auf seine Wange. Thomas machte eine Bewegung, als würde er eine Fliege verscheuchen, und drehte sich auf die andere Seite.
Die Mutter half Milena im Badezimmer, die schmutzigen Sachen auszuziehen. Wohltuend entspannte sie sich unter der warmen Dusche. Es war doch ganz angenehm, sich zu waschen, sogar die Ohren.
Dann gab ihr die Mutter einen frischen Pyjama. Sie setzte sich auf ihren Bettrand.
„Versprich mir, dass du uns nie wieder solche Sorgen machen wirst!"
Milena nickte.
„Wenn ich ... wenn ich nicht so spät nach Hause gekommen wäre, hätte niemand die Einbrecher gesehen und Helblings wären bestohlen worden."
„Da gebe ich dir Recht", sagte die Mutter lächelnd. „Ich werde es Frau Wille erzählen."
Milena starrte sie an. Sie hatte vollständig vergessen, dass ja ihre Mutter sich heute mit der Lehrerin treffen wollte.

„Frau Wille glaubt, ich hätte keinen Mut und tauge zu nichts", sagte sie.
„Ein Trotzkopf bist du", erwiderte die Mutter, „aber von ‚keinen Mut haben' kann wohl wirklich nicht die Rede sein."
Milena lächelte stolz. Als die Mutter sich über sie beugte und sie küsste, schlang sie wie ganz von selbst die Arme um ihren Hals. „Frau Gerber hat eigentlich Recht", dachte sie. „Meine Eltern haben mich genau so lieb wie Thomas."

Sie hörte nicht, wie die Mutter das Zimmer verließ. Sie dachte an die beiden Männer, die von der Polizei in der Stadt gesucht wurden. Mensch, hatte sie Angst gehabt! Und trotzdem war es ihr, Milena, gelungen, zwei Einbrecher auf einmal in die Flucht zu jagen. „Wenn Frau Wille das erfährt, denkt sie gewiss anders von mir. Keiner in der Klasse wird es wagen, mich Angsthase zu nennen. Und von jetzt an wasche ich mich jeden Tag. Niemand soll noch einmal von mir sagen können: „Die hat schmutzige Ohren!"
Das waren ihre letzten Gedanken, bevor sie die Augen schloss und tief und glücklich schlief.

Freundschaft hat viele Gesichter

Der kupferne Fisch

Sami hatte sich mal wieder verschlafen. Um zehn nach sieben riss die Mutter die Tür auf.
„Sami, wach auf, du Murmeltier! Hast du denn den Wecker nicht gehört?"
Den hatte er zwar gehört. Aber als das blöde Ding läutete, hatte er ihm eins draufgegeben und war sofort wieder eingeschlafen. Jetzt ging das ewige Gehetze los: Schnell Wasser ins Gesicht, schnell die Zähne putzen, schnell in Pulli und Jeans schlüpfen, und wo zum Kuckuck waren nur die frischen Socken?
„Deinen Tee!", rief die Mutter. „Du gehst mir nicht ohne Tee aus dem Haus!"
Er stürzte den Tee hinunter, verbrannte sich dabei die Zunge, stopfte sich den Rest Marmeladenbrot in den Mund und zwängte sich in die Stiefel. Im Treppenhaus rief die Mutter ihm nach: „Sami, deine Handschuhe!"
Sami fing sie im Fallen auf, zog sich die Mütze über die Ohren. Jetzt rannte er durch den kalten, klaren Wintermorgen. Natürlich war Glatteis, und er riskierte bei jedem Schritt auf dem Hintern zu landen. Hundert Meter vor der Schule blieb er stehen; sein keuchender Atem bildete eine kleine weiße Wolke vor dem Gesicht. Er blickte auf die Uhr an seinem Handgelenk und schnalzte leicht mit der Zunge. Noch viereinhalb Minuten! Wozu die ganze Hast? Bedächtig stapfte er weiter, als Reto ihn einholte.
„Tolles Wetter, nicht? Man sollte Ski fahren. Stattdessen schreiben wir Bio."
„Schicksal." Sami schniefte. „Hoffentlich ist es am Sonntag noch schön."
„Heute kommt doch die Neue, oder?", fragte Reto. „Dani hat sie gestern gesehen, als sie aus dem Büro der Rektorin kam.

Soll irgendeine Ausländerin sein. Wahrscheinlich kann sie nicht mal Deutsch."

„Dann soll sie es lernen", sagte Sami. Mädchen interessierten ihn nicht.

Sie überquerten den Platz, wo die Lehrer ihre Wagen parkten, und gingen über den Hof. Reto stieß Sami in die Rippen.

„Sieh dir die mal an, mit wem die Bachmann spricht. Ob das wohl die Neue ist?"

„Wenn die Bachmann sie unter ihre Fittiche nimmt, dann muss sie es wohl sein", meinte Sami gleichgültig. Im Vorbeigehen bemerkte er, dass die Neue ziemlich braun wirkte und eine blaue Windjacke mit Kapuze trug.

Lärm erfüllte den Schulhof: Die Jungen spielten Fußball. Gerade kam der Ball auf Sami zu. Er fing ihn ab, legte sich ihn zum Schuss bereit und zielte, doch leider daneben. Der Ball sauste durch die Luft, geradewegs auf die Neue zu. Sie stoppte den Ball mit knapper Hüftdrehung und schoss mit voller Kraft. Kevin, der als Torwart amtierte, glitt aus, verfehlte den Ball und landete bäuchlings im Schnee. „Goal!", brüllte Reto aus Leibeskräften.

Sami stand da und starrte auf die Neue, die ihn breit anlachte. Sie hatte Augen wie schwarze Kirschen und ebenfalls schwarzes Haar. Die Wangenknochen waren hoch und rund, die Zähne auffallend weiß. Sami spürte, wie ihm die Hitze ins Gesicht stieg. Was war nur los mit ihm? Er wusste weder wohin mit den Händen noch mit dem Blick und regte sich auf wie noch nie, weil er den Ball verfehlt hatte. „Die dumme Kuh! Was fiel der ein, den Schuss abzufangen?"

Da schellte es. Schroff wandte er sich ab und rannte auf das Schulgebäude zu. Noch im Laufen riss er sich Mütze und Schal herunter. Er war buchstäblich in Schweiß gebadet.

Im Klassenzimmer standen die Schüler in Gruppen herum. Einige saßen schon an ihren Plätzen. Die Neue stand zögernd unter der Tür, als Frau Bachmann das Klassenzimmer betrat und dem fremden Mädchen die Hand auf die Schulter legte.

„Das ist Maria Wolkensinger. Sie kommt aus Brasilien." Sofort ging ein Gekicher los. Dieser Name! Sami lachte noch lauter als die anderen und schlug sich dabei auf die Schenkel.
„Aber hört mal", sagte Frau Bachmann, „man kann sich seinen Namen doch nicht aussuchen. Du auch nicht, Sami! Stell dir vor, deine Eltern hätten dich Fridolin genannt."
Sie stöberte in ihren Papieren. „Sie heißt Wolkensinger, ihr Vater ist Schweizer. Aber sie ist in Rio geboren. Du kannst gut Deutsch, nicht wahr, Maria?"
Maria nickte und verdrehte die Augen, so dass man plötzlich nur noch das Weiße sah. Wieder ging ein Kichern durch die Klasse.
Frau Bachmann wies Maria den Platz in der dritten Reihe neben Monika an, weil da gerade der Stuhl frei war. Als Maria an Sami vorbeiging, hörte er sie schnell atmen. Sie musste ziemlich aufgeregt sein. Wieder traf ihn ein Blick ihrer leuchtenden Augen. Er wandte schnell das Gesicht ab. Sie hatte sicher gesehen, dass er sie auslachte. „Blöde Kuh!", dachte er verärgert.

Die ersten Tage waren für Maria nicht einfach, aber man merkte es ihr nicht an. Sie machte sofort überall mit und lachte so schallend und ansteckend, dass alle mitlachen mussten. Sie war nicht schlecht in Deutsch, und wie sie rechnen konnte! Sie hatte einen Computer im Kopf. Außerdem sprach sie Portugiesisch (das redet man in Brasilien) und dazu noch Englisch, weil sie in Rio eine englische Schule besuchte. Alle in der Klasse waren echt beeindruckt. Am Freitag, im Musikunterricht, schlug ihr Frau Bachmann vor, ein brasilianisches Lied zu singen. Sami hätte sich an ihrer Stelle geniert. Er sang nämlich falsch! Aber Maria wirkte völlig ungezwungen. Sie sang, klatschte in die Hände und tanzte sogar noch dazu mit kleinen, graziösen Schritten. Sie schüttelte ihre Locken, ihre Augen blitzten, und die fremde Sprache, in der sie sang, klang melodisch. Die Schüler spendeten lauten Beifall, nur Sami saß da wie ein Ölgötze, wobei er immer wieder „blöde

Kuh, blöde Kuh" in seinem Kopf wiederholte – warum, das wusste er eigentlich auch nicht.
„Das war aber ein schönes Lied", sagte Frau Bachmann. „Könntest du es uns nicht mal beibringen?"
Maria nickte strahlend, und einer rief: „Aber wir können doch kein Portugiesisch!"
„Maria schreibt uns die Worte an die Tafel, und wir lernen sie auswendig", entschied Frau Bachmann.
„Und dann zeige ich euch, wie man Samba tanzt!", rief Maria. Alle stimmten begeistert zu, klatschten, pfiffen und johlten. Doch Sami schwieg mürrisch. Ein brasilianisches Lied singen und Samba tanzen! So was Verrücktes konnte sich auch nur die Bachmann ausdenken! Doch die Melodie ging ihm nicht aus dem Kopf. Er ertappte sich sogar dabei, sie zu pfeifen. Und jedes Mal, wenn ihm das Lied in den Sinn kam, sah er Maria vor sich, mit ihren kohlschwarzen Augen und ihrer Mähne, die immer ein bisschen ungekämmt wirkte. Dabei mochte er sie gar nicht. Er mochte überhaupt keine Mädchen. Immerhin, sie konnte gut singen und gut rechnen. „Und auch gut Fußball spielen", dachte er mit einer Mischung aus Bewunderung und Neid. Sie hatte verflixt viel Kraft in den Beinen, schoss die besten Tore und rannte schneller als die meisten Jungen. „Das kommt sicher davon, weil die Brasilianer den berühmtesten Fußballspieler aller Zeiten hatten", dachte Sami. „Pele hieß der, auch so ein komischer Name! Jetzt ist er alt, sitzt auf seinen Millionen und verrostet." Aber das war noch lange kein Grund, mit einem Mädchen Fußball zu spielen!

Eines Nachts hatte er einen seltsamen Traum: Er sah Maria über eine Brücke gehen, die plötzlich zusammenbrach, wobei das Mädchen in den reißenden Fluss stürzte. Maria sank immer tiefer: Zuerst umspülte das Wasser ihre Beine, dann ihre Taille und schließlich ihre Schultern. Erstaunlicherweise wirkte sie nicht erschrocken, sie lachte sogar dabei, während er, Sami, furchtbare Angst um sie hatte. „Gleich ertrinkt sie!", dachte er

entsetzt, während er die Arme ausstreckte und versuchte, sie aus dem gurgelnden Wasser zu ziehen. Doch vergeblich: Auf einmal ging sie unter und war weg, und nur noch das Wasser schäumte.
„Maria!", schrie er aus Leibeskräften und erwachte schweißgebadet, noch unter dem Eindruck seines Traumes.
Er hörte leise Schritte. Ein Lichtstrahl schimmerte durch die Tür. „Warum schreist du so?", fragte halblaut der Vater. „Was ist denn los?"
Sami hätte sich ohrfeigen können. Er zitterte am ganzen Körper. Die dumme Kuh! Jetzt hatte er sogar ihren Namen gerufen. Und obendrein noch mitten in der Nacht!
„Nichts", fauchte er und drückte den Kopf in das Kissen. Sein Vater fuhr mit der Hand über seine klebrige Stirn. „Du bist ja nass geschwitzt. Hast du geträumt?" Sami stieß seine Hand weg und zog die Decke über den Kopf. „Hab keine Angst", sagte der Vater. „Wir sind ja da."
„Angst?", stammelte Sami. „Wovor soll ich denn Angst haben?"
Er rollte sich wütend auf die andere Seite. Angst! Das war doch wirklich der Gipfel.
„Schlaf gut", sagte der Vater und ging leise hinaus.
Sami warf die Decke zurück und holte gepresst Luft. Hoffentlich hatten die Eltern nicht gehört, dass er Maria gerufen hatte. Die könnten ja meinen! ...

Am nächsten Morgen dachte er noch immer an seinen Traum. Maria kam ihm auf einmal seltsam vertraut vor, so als ob sie zu ihm gehörte. Dabei wollte er doch nichts mit ihr zu tun haben! Sami verstand sich selbst nicht mehr. Wie konnte man nur jemanden nicht mögen und gleichzeitig gern haben! Was bedeutete ihm Maria? Nichts! Und trotzdem hatte er von ihr geträumt.
Auf einmal kam ihm ein furchtbarer Gedanke: Vielleicht war Maria in dieser Nacht etwas passiert, vielleicht war sie krank, oder sogar schon tot! Sein Herz klopfte zum Zerspringen. Er

schlürfte hastig den glühend heißen Tee, das Frühstücksbrot blieb ihm fast im Hals stecken.
„Verschling doch nicht alles so gierig", sagte die Mutter, „morgen bist du wieder verstopft und sitzt dreiviertel Stunden auf dem Klo!" Doch Sami hörte gar nicht hin. Er packte seine Schulmappe, rannte die Treppe hinunter. Die Tür schlug hinter ihm zu. Schnell, schnell! Er musste unbedingt wissen, was mit Maria los war!
Es schneite wieder. Dichte Schneeflocken wirbelten durch die trockene Luft. Er rannte, bis ihm die Zunge aus dem Hals hing. Da sah er sie: Sie stand mit den anderen Mädchen auf dem Schulhof, stampfte mit den Füßen und schlug mit den Armen, um warm zu werden. Sie trug ihre blaue Windjacke, aber keine Mütze. „Bei dieser Kälte!", dachte er.
Er verlangsamte seinen Schritt und war wütend auf sich selbst. „Ich Schafskopf! Weshalb die ganze Aufregung? Was sollte ihr denn passiert sein?"
Er schlenderte an den Mädchen vorbei und warf Maria einen Seitenblick zu, gerade als sie sich umwandte und ihn ansah. Sami bekam einen roten Kopf. Rau stieß er hervor: „Kannst du schwimmen?"
Marias Pupillen wirkten so groß, dass von dem weißen Augapfel kaum etwas zu sehen war.
„Selbstverständlich", erwiderte sie erstaunt. „Wie kommst du denn auf einmal darauf?"
„Ich …", begann Sami und stockte. Es war wie verhext. Er konnte mit dem Mädchen nicht reden, ohne zu schwitzen. Außerdem, was sollte er ihr sagen? Dass er von ihr geträumt hatte? Die würde sich krumm lachen!
Doch sie ließ nicht locker.
„Warum interessiert dich das?"
„Was denn?"
„Ob ich schwimmen kann oder nicht."
Ihre Stimme klang leicht herausfordernd. Sami kratzte sich am Hinterkopf, bis er merkte, dass er seine Schuppen loskratzte.
„Ach, einfach so …"

„Und du?“, fragte sie. „Kannst du schwimmen?“
„Na, klar“, antwortete er unwillig. „Brustschwimmen und Crawl.“
„Wie weit schwimmst du denn unter Wasser?“
Er dachte nach. In diesem Sommer hatte er fast zehn Meter erreicht. Er sagte es ihr.
„Ich schaffe zwanzig Meter!“, rief Maria stolz.
„Das sollte man nicht meinen!“, entfuhr es Sami. „Ich Esel!“, dachte er und biss sich nervös auf die Lippen.
„Wieso eigentlich nicht?“, fragte Maria. Sie wirkte zugleich spöttisch und beleidigt, eine komische Mischung.
„So ein freches Stück!“, dachte Sami, aber jetzt saß er in der Falle.
„Diese Nacht träumte ich, dass du ersoffen bist.“
„Ich? Ersoffen?“ Maria warf den Kopf in den Nacken und brach in schallendes Gelächter aus. „Das passiert mir garantiert nicht! Im Sommer mache ich den Rettungsschwimmer!“
Samis Gesicht brannte, als ob er es mit Eis eingerieben hätte.
„Aber in meinem Traum bist du ersoffen“, sagte er.
Sie blickte ihn neugierig an. „Und dann?“
Sami schluckte. „Ich ... ich wollte dich retten.“
„Und? Hast du es geschafft?“, fragte sie mit leisem Spott. Doch ihre Augen leuchteten warm. Sami schüttelte den Kopf. Seine Zunge klebte am Gaumen, so dass er leicht lispelte. „Ich ... ich habe es versucht. Aber du bist trotzdem untergegangen. Da bin ich wach geworden“, sagte er und kam sich bescheuert vor.
„Das war aber nett von dir, dass du es wenigstens versucht hast“, meinte sie, und jetzt war kein Spott mehr in ihrer Stimme.
Samis Wimpern flatterten. „Ist schon in Ordnung“, knurrte er, drehte sich um und ergriff die Flucht.

Im Unterricht fiel ihm auf, dass Maria ihn immer wieder ansah und Zeichen machte. Er tat so, als merkte er nichts, doch es kribbelte ihm im Nacken. „Was will die nur?“, überlegte er

aufgebracht. „Das habe ich davon! Jetzt lässt sie mich nicht mehr in Ruhe!“
Es schellte. Endlich Pause! Sami sprang auf und raste zur Tür, aber sie stand schon davor und versperrte ihm den Weg.
„Sami! Warte!“
„Keine Zeit“, murmelte er und zwängte sich so hastig an ihr vorbei, dass er gegen den Türpfosten stieß und sich einen blauen Fleck an der Schulter holte.
Am nächsten Morgen sah Sami Maria schon von weitem an der Mauer lehnen. Sie scharrte mit den Füßen im Schnee und schien auf jemanden zu warten.
„Ach, du heiliger Strohsack!“, dachte Sami, „hoffentlich nicht auf mich!“ Seine Blicke hasteten nach allen Seiten. Wo steckten nur seine Freunde? Keiner war in Sicht. Sami biss die Zähne zusammen, sah stur geradeaus. Vielleicht, wenn er nicht hinsah, redete sie auch nicht mit ihm.
„Du, Sami ...“
Da hatte er die Bescherung. Er blickte auf und sah sofort wieder zu Boden. Er konnte ihr nicht in die Augen sehen, genauso wie bei seiner Mutter, wenn er sie anlog. „Sami“, sagte sie dann, „ich weiß genau, dass du lügst.“
„Das ist für dich“, sagte Maria und hielt ihm etwas hin. Er sah in ihrer Handfläche einen winzigen kupfernen Fisch leuchten.
„F... für mich?“, stammelte er. „Aber warum denn?“
„Zum Dank, dass du mich retten wolltest.“

Sami wurde es leicht schwummrig. Er riss sich die Mütze vom Kopf und lockerte seinen Schal. Zum Teufel mit dieser Hitze!
„Ach, das war doch wohl ganz natürlich. Ich meine ...“ Er verhedderte sich, verlor den Faden.
„Der Fisch kommt aus Brasilien“, erklärte Maria. „Er ist ein Talisman. Du kannst ihn als Schlüsselanhänger benutzen.“
Samis Nase lief. „Danke vielmals“, schniefte er, als sie den Fisch in seine Hand gleiten ließ. Maria lächelte. In ihrem Haar glitzerten Schneeflocken.

„Komm doch mal zu mir“, schlug sie vor. „Ich zeige dir noch mehr Sachen aus Brasilien. Morgen Nachmittag, geht das?“
„Wenn ... ich nicht störe ...“, stotterte er blöde. Seine Ohren glühten. Er war unfähig, einen klaren Gedanken zu fassen.

Da kam eine Mitschülerin. Maria winkte ihr zu. „Bis später“, rief sie und ließ ihn stehen.
Sami sah ihr nach, dann schaute er auf den blinkenden Gegenstand in seiner Hand. Er hatte seine Handschuhe vergessen, seine Finger waren rot und steif. Hoffentlich ließ er das Ding nicht fallen.
„Was hast du denn da? Zeig mal her!“
Retos Stimme ließ ihn zusammenfahren. Er steckte das Fischchen hastig in seine Jeanstasche.
„Nichts!“
„Wieso nichts, du Heimlichtuer? Was hast du denn gerade in der Tasche verschwinden lassen? Los! Herzeigen!“
Sami stieß ihn weg. Reto schlug ihm die Schultasche in die Rippen, und Sami stellte ihm dafür ein Bein. Reto umklammerte ihn, und beide wälzten sich im Schnee. Sami fühlte sich so glücklich, so stolz, er hätte vor Übermut jauchzen können. Stattdessen raufte er sich mit Reto, bis beide vor Anstrengung keuchten. Maria! Sie mochte ihn, sie hatte ihm einen Talisman geschenkt und ihn zu sich eingeladen. Vielleicht würde sie sogar mit ihm Fußball spielen. Wie kam es nur, dass er sie zuerst nicht gemocht hatte? „Es konnte ja sein“, dachte Sami, „dass er sie schon von Anfang an gern gehabt hatte und es nur nicht wahrhaben wollte.“

Die unendliche Freundschaft

Tanja stand am Fenster und blickte nach draußen. Obgleich die Fenster schalldicht waren, hörte man den Verkehr wie ein leises auf- und abklingendes Summen. Tanja ertappte sich jetzt öfter dabei, dass sie von ihrem Fenster aus auf die Kreuzung starrte, dorthin, wo ein Polizist mit gelber Kreide eine Stelle markiert hatte. Als es kürzlich regnete, waren aber die letzten gelben Farbreste verblasst.

Nach einer Weile ließ Tanja den Vorhang fallen und seufzte. Ihre Augen wanderten durchs Zimmer. Auf dem Schreibtisch mit dem Computer lagen Bücher und Hefte herum, der Papierkorb quoll über, das Bett war hastig gemacht. Miki, ihr alter, zerschlissener Teddybär, thronte auf dem Kissen und blickte sie mit dem einen gelben Glasauge an.

„Warum hebst du das Ding eigentlich noch auf?", hatte Karin sie letzthin gefragt. „Ich habe überhaupt kein Spielzeug mehr von früher."

„Miki will ich einfach behalten", hatte Tanja gesagt.

Karin hatte gelacht. „Sag bloß, du nimmst ihn abends mit ins Bett!"

Tanja war rot geworden. Karin wusste immer, was in ihr vorging. Sie interessierte sich für fast alles. Oft sagte Tanjas Mutter: „Ich bin gespannt, was aus Karin mal wird." Karin interessierte sich für so vieles. Sie schrieb die besten Deutscharbeiten, rechnete blitzschnell, nahm Ballettunterricht und surfte im Internet. Ihre ältere Schwester Ariane hatte ihr alles ganz genau beigebracht. Sobald Karin den Computer einschaltete und die Augen auf den Bildschirm richtete, war mit ihr nichts anderes mehr anzufangen.

„Lass mich mal einen Augenblick in Ruhe, das interessiert mich so", sagte sie, wenn Tanja sich neben ihr über Langeweile beklagte. Später war sie dann wieder so witzig, so unternehmungslustig, dass Tanja ihr nicht böse sein konnte.

Und jetzt war sie tot. Vor genau zwei Wochen, an einem Mittwochnachmittag, war alles passiert. Sie hatten beide im Warenhaus in der Musikabteilung Platten gehört und sich Video-Clips angesehen. Karin trug an diesem Tag – Tanja würde es nie vergessen – eine rosa Windjacke und dazu passende Cordhosen. Gegen fünf hatten sie sich an der Kreuzung verabschiedet, Karin wohnte nur einige Straßen weiter. Tanja hörte sie noch rufen: „Also, bis morgen!" Sie lief bei Grün über den Fußgängerstreifen, als ein Wagen sie in voller Fahrt erfasste. Der Lenker hatte das Stoppsignal nicht beachtet. Tanja hörte einen lauten Knall und das Kreischen von Bremsen. Sie sah, wie Karin auf die Kühlerhaube gehoben und von dort viele Meter weiter vorne auf die Straße geschleudert wurde. Sekundenlang stand sie da wie erstarrt. Vor Entsetzen stockte ihr der Atem. Dann lief sie über die Straße, gerade als der Verkehr wieder losbrauste. Ein Wunder, dass ihr nicht auch was passiert war! Doch bereits hielten die ersten Wagen an und schalteten die Warnblinker ein. Reifen quietschten, Autotüren schlugen zu, Menschen kamen von allen Seiten angelaufen. In Tanjas Kopf brausten Wasserfälle, sie nahm all diese Gesichter nur verschwommen war. Eine Frau war als erste zur Stelle, beugte sich über die Verunglückte. Karins Gesicht wirkte blass und starr, ihre Augen waren geschlossen. Als Tanja bebend näher trat, sah sie Blut in ihrem Haar kleben und auf dem Boden eine kleine Lache bilden. Sie spürte, wie ihr der Schweiß in kalten Strömen über den Rücken lief, und hörte eine Männerstimme sagen, dass der Krankenwagen gleich kommen würde.
Der Lenker des Wagens war ausgestiegen. Es war ein junger Mann, hochrot im Gesicht, der wirre Worte stammelte und mit beiden Armen sinnlose Bewegungen machte. Später stellte sich heraus, dass er betrunken gewesen war.
Die Frau, die neben Karin kniete, hob den Kopf und blickte Tanja an: „Kennst du dieses Mädchen?"
Tanja zitterte am ganzen Körper. „Sie … sie ist meine Freundin, Karin Lanzwann. Ist sie schwer verletzt?"

„Wohnt sie in der Nähe?", fragte die Frau, ohne auf Karins Bemerkung einzugehen.
Und, als Tanja nickte: „Kannst du wohl schnell ihre Eltern holen?"
Tanja lief, so schnell sie konnte. Im Hintergrund hörte sie das Hornen des Polizeiwagens. Keuchend erreichte sie das Haus, wo Karin wohnte. Der Aufzug brachte sie in die dritte Etage. Mit bebenden Fingern drückte sie auf den Klingelknopf. Es war Karins Vater, der an die Tür kam. Er hielt eine Zeitung in der Hand.
„Tanja, was ist denn?"
Tanjas Atem rasselte. Sie rang nach Worten: „Kommen Sie! Bitte! Schnell! Karin blutet! Ein Auto! An der Kreuzung!"
Der Vater drehte sich zur Tür und rief: „Margrit! Schnell!"
Karins Mutter stürzte aus der Wohnung: „Was ist denn?"
„Komm, Karin ist verunfallt!"
Keiner von beiden nahm sich die Zeit, einen Mantel anzuziehen. Im Aufzug rief die Mutter plötzlich: „Himmel! Die Wohnungstür steht noch weit offen!"
Während die Eltern aus dem Haus rannten, fuhr Tanja wieder nach oben. Der Schlüssel steckte innen in der Wohnungstür. Tanja zog ihn heraus und schloss die Tür ab. Dann stieg sie langsam die Treppe hinunter. Mit dem Aufzug war man schneller, aber irgendwie wusste sie, dass sie sich nicht mehr zu beeilen brauchte.

Als Tanja Karin zum letzten Mal sah, war ein weißer Verband um ihren Kopf gewickelt. In dem großen Bett wirkte sie unglaublich schmal und zerbrechlich. Tanja hatte Karin nie so gesehen. Angst befiel sie. Angst vor dem Unbegreiflichen, vor dem, was sie nicht fassen konnte. Wer da ohnmächtig im Bett lag, konnte nicht Karin sein! Die wirkliche Karin war bereits fort, weit fort. Wohin war sie nur aufgebrochen?

Der Gottesdienst war in der Kirche, und dann fand die Beisetzung auf dem Friedhof statt. Die ganze Klasse war anwesend.

Alle machten bestürzte Gesichter, alle weinten, und selbst Herr Lohner, der Lehrer, putzte sich mehrmals die Nase. Nur Tanja, die Karins beste Freundin gewesen war, sie konnte nicht weinen. Ihr schmerzte der Hals, als ob sie am Ersticken wäre, aber ihre Augen blieben trocken.

Und dann ging das Leben weiter. Wie immer läutete es an der Tür, schrillte das Telefon, und am Montag fing die Schule wieder an. Einige Tage lang blieb die Stimmung gedrückt, dann lachten und schrien die Schülerinnen und Schüler, rauften und versöhnten sich, und schließlich war alles wieder wie früher. Nur Karins Stuhl blieb leer, und Tanja ging jeden Tag alleine nach Hause.

Beim Aufräumen stellte sie fest, dass sie noch ein Buch besaß, das Karin ihr geliehen hatte. Sie hatte es ihr schon immer zurückgeben wollen, aber jetzt war es zu spät. Die Mutter sagte:
„Das Buch gehört Lanzmanns. Bringe es ihnen zurück!"
Das Buch war von Astrid Lindgren, einer schwedischen Schriftstellerin, geschrieben. „Du musst es unbedingt lesen", hatte Karin gesagt, „es ist mein Lieblingsbuch."
Tanja war zu faul und hatte es nie gelesen. Doch jetzt, da sie das Buch zurückgeben sollte, sträubte sich alles in ihr dagegen. Das Buch war das einzige, was sie noch von Karin besaß. Aber die Mutter blieb hart.
Es war das erste Mal seit Karins Tod, dass Tanja am Mittwochnachmittag den vertrauten Weg wieder einschlug. Die Straße, das Haus, der Geruch im Treppenhaus kamen ihr zugleich seltsam bekannt und fast beängstigend fremd vor. Sie klingelte an der Wohnungstür. Ariane, Karins ältere Schwester, öffnete. Sie wirkte schmaler im Gesicht, und der fröhliche Funke in ihren Augen war erloschen.
„Ach, Tanja!", sagte sie. „Nett, dass du uns besuchst. Leider ist meine Mutter nicht da. Sie hätte sich gefreut, dich zu sehen."

Tanja schluckte befangen. „Ich ... ich bringe das Buch zurück."
„Komm herein, setz dich", sagte Ariane.

Tanja trat ins Wohnzimmer und ließ scheu ihre Blicke umherschweifen. Alles war wie sonst: die großen Bücherregale, die schön polierten Möbel, die Vasen voller Blumen. Das Licht fiel gedämpft durch die gelben Vorhänge. Doch an der Wand sah sie ein großes Foto von Karin, das früher dort nicht gehangen hatte. Es war in den letzten Winterferien aufgenommen worden: Karin, in Wollmütze und Schal, knetete einen Schneeball und lachte übers ganze Gesicht. Ariane bemerkte Tanjas Blick.
„Ein hübsches Foto von ihr, nicht wahr?" Tanja nickte, stumm und steif.
„Es ist seltsam, weißt du", fuhr Ariane fort. „Wir können uns nur langsam daran gewöhnen, dass sie nicht mehr bei uns ist. Und mittags kocht meine Mutter genauso viel wie früher. Karin hatte immer einen Bärenhunger."
Tanja knipste an ihren Fingernägeln. „Sie ... sie war meine beste Freundin."
„Sie ist immer noch deine Freundin", erwiderte Ariane mit Nachdruck. Tanja starrte sie an. Was sollte das heißen? Ariane lächelte und deutete auf das Foto.
„Du wirst sie immer in Erinnerung behalten, so wie sie da auf dem Bild ist. Sie wird ewig zwölf Jahre alt sein, die gleiche Frisur haben und den hübschen weißen Pulli tragen. Wir werden alt, aber Karin bleibt immer ein Mädchen. Sie ist deine Freundin, und sie wird nie die Freundin einer anderen werden. Zwar ist sie gestorben, aber sie lebt weiter in dir, solange du an sie denkst."
Tanjas Wimpern zuckten. „Manchmal rede ich mit ihr in meinem Kopf und mir ist, als würde sie mir antworten. Wir führen richtige Gespräche, lachen und machen Witze ..."
Ariane lächelte warm. Sie verstand. „Uns geht es auch so. Wir sind fröhlich, obgleich es uns schwer fällt. Wir versuchen eine

glückliche Familie zu bleiben, um ihr eine Freude zu machen. Sie würde uns nicht gerne traurig sehen."
Im Schweigen, das folgte, schlug leise eine Uhr. Tanja schwieg und bewegte sich kaum, doch sie zitterte zunehmend stärker. Sie fühlte eine seltsame Hitze im Kopf. Ihre Wangen glühten. Das erste Aufschluchzen zerriss ihr fast die Brust. Sie schluchzte, als wäre ein Bann gebrochen. Tränen liefen ihr über die Wangen. Ariane setzte sich zu ihr, streichelte ihr Haar und reichte ihr ein Taschentuch.
„Weine nur", sagte sie ruhig. „Die Tränen trösten dich und geben dir Kraft. Vergiss nie, dass auch der Tod zum Leben gehört."
Sie besah sich das Buch, das Tanja mitgebracht hatte, zögerte kurz und sagte: „Nimm es wieder mit. Karin würde es dir sicher schenken."
„Danke vielmals", schluchzte Tanja. Sie ergriff das Buch und drückte es an sich, als ob es ihr schon immer gehört hätte.

Sie weinte noch eine Weile, dann putzte sie sich die Nase und stand auf. „Ich ... ich muss jetzt gehen."
Ariane begleitete sie zum Aufzug und drückte auf den Knopf. „Komm wieder, wann du willst. Es wird uns immer freuen."
Tanja erwiderte ihr Lächeln und winkte zum Abschied. Der Aufzug brachte sie nach unten. Draußen hatte sich der Wind aufgemacht. Tanja schlug ihren Jackenkragen hoch. Das Buch hielt sie fest an sich gepresst. Langsam ging sie durch die Straßen. Sie fühlte sich ruhig und gelöst. Sie war dankbar, dass sie Karin gekannt hatte und mit ihr eine kurze Strecke ihres Lebens gegangen war. Sie dachte über Arianes Worte nach. Tief in ihrem Herzen regte sich eine sanfte, vertraute Gegenwart. „Du wirst immer meine Freundin sein", flüsterte Tanja, und sie spürte, wie der Frühjahrswind auf ihrem Gesicht die letzten Tränen trocknete.

Martin und Paul

Die Mutter sah es nicht gern, wenn Paul mit Pfeil und Bogen schoss. Aber Martin übte sich seit kurzer Zeit darin, und was Martin tat, musste Paul unbedingt nachahmen.
Martin war schon dreizehn Jahre alt und einen ganzen Kopf größer als die anderen Jungen. Er konnte gut turnen, auch ringen und schwimmen wie ein Fisch. Er kaufte jede Menge Videogames, sprach Englisch und hatte die Ferien in einem Jugendlager in England verbracht. Neuerdings prahlte er damit, dass er zu seinem vierzehnten Geburtstag ein Moped bekommen werde. Dass er auf dem Schulweg rauchte, die Mädchen grob behandelte und schon einmal sitzen geblieben war, störte nur die Eltern. In der Schule war er Anführer, Klassengroßmaul und sportliches Vorbild.
Sein Bogen stammte aus England. Die Pfeile steckten in einem ledernen Köcher. Er übte täglich auf einer Zielscheibe und traf häufig ins Schwarze. Die anderen rissen Mund und Augen auf. Manchmal ließ Martin sie mit seinem Bogen schießen und sah verächtlich zu, wie sie daneben trafen.
„Ihr könnt ja sowieso nicht mit dem Ding umgehen!"
Mit seinem Taschengeld hatte Paul im Warenhaus einen Bogen „made in China" erstanden. Die Pfeile waren Mist, sie gingen sofort kaputt. Da Paul kein Geld mehr hatte, musste er sich aus Zweigen selbst welche zurechtschnitzen.
„Pass nur auf, dass es keinen Unfall gibt!", sagte die Mutter.
Aber Paul stellte sich taub. Die Mutter übertrieb mal wieder. Klar, er war noch kein so guter Schütze wie Martin, aber das lag an den blöden Pfeilen und nicht an seiner Treffsicherheit.

Der Neubau, wo Paul wohnte, erhob sich am Rande eines freien Geländes, das von einer Wiese mit Apfelbäumen umgrenzt war. Daneben lag der Sportplatz, und gleich dahinter stand Martins Haus.

An jenem Nachmittag – es war ein Samstag – traf Paul auf Martin, als dieser gerade eine kleine Schachtel an einem Ast befestigte. Der Köcher hing ihm lässig über die Schulter.
„Was machst du denn da?“
Martin nickte bedeutsam. „Ich habe ein neues Game mit einem Roboter. Der ist Weltmeister im Bogenschießen und kämpft gegen die „Dunklen Krieger“, die Giftkapseln rund um New York gestreut haben. Trifft er die Schachteln mit dem Pfeil, sind sie unschädlich gemacht.“
Er deutete auf den Baum: „Stell dir vor, ich bin der Roboter und die Schachtel dort am Baum ist die Giftkapsel. Treffe ich sie aus hundert Schritten Entfernung, ist unsere Stadt gerettet!“
„Also gut, wir zählen!“, sagte Paul.

Sie gingen Schritt für Schritt zurück und zählten halblaut vor sich hin. Als sie bei hundert waren, standen sie fast am anderen Ende des Geländes. Die kleine Schachtel war kaum noch zu erkennen.
Martin holte einen Pfeil aus dem Köcher und spannte den Bogen. Dann zielte er sorgfältig mit zusammengekniffenen Augen. Zzzzt! Der Pfeil sauste durch die Luft. Nur knapp verfehlte er sein Ziel.
Paul pfiff anerkennend zwischen den Zähnen und Martin schwenkte triumphierend seinen Bogen.
„Beim zweiten Mal treffe ich garantiert!"

„Lass mich auch mal versuchen!", rief Paul aufgeregt. Martin sagte nichts, sondern hob nur gleichgültig die Schultern. Paul kam sich mit seinem selbst gebastelten Pfeil ziemlich lächerlich vor. Trotzdem legte er ihn auf, zielte lange und gab sich Mühe, das Zittern seiner Hände zu beherrschen. Endlich schoss er, natürlich um ein gutes Stück daneben. Martin warf einen geringschätzigen Blick auf ihn, den Paul aber übersah. Er lief auf den Baum zu, um die Pfeile aufzuheben. Als er zurückgehen wollte, rief Martin: „Achtung, bleib dort! Gleich wirst du sehen, wie ich treffe!"
Paul stellte sich neben den Baum und blickte auf die Schachtel.

Fast im gleichen Augenblick verspürte er einen betäubenden Schlag im Gesicht. Er taumelte, stürzte zu Boden. Alles wurde schwarz vor seinen Augen und er fühlte, wie etwas gegen seine Stirn drückte. Es schmerzte nicht. Es war nur, wie wenn sein Kopf gelähmt wäre. Durch das Rauschen des Blutes in seinen Ohren vernahm er von weit her Martins aufgeregte Stimme.
„Bleib sitzen! Bewege dich nicht! Ich ziehe ihn dir raus ...!"
Paul versuchte zu begreifen. Was wollte er rausziehen? Er spürte Martins hastigen Atem im Gesicht. Dann ein Reißen, ein heftiger Druck. Brennend heiß schoss ihm der Schmerz durch die Stirn: Sein ganzer Kopf schien zu explodieren. Sein letzter Gedanke war: „Ich habe den Pfeil ins Auge gekriegt!" Dann stürzte er in tiefes, bodenloses Dunkel.

Er wachte auf und hörte jemanden schluchzen.
„Er kommt wieder zu sich", sagte eine Männerstimme, die Paul zu erkennen glaubte: Es schien Dr. Bucher, der Arzt zu sein, der ihm kürzlich den verstauchten Fuß verbunden hatte. Paul stöhnte. Ein Blutgeschmack war in seinem Mund. Funkengarben kreisten vor den Augen. Himmel! Wie sollte er die Schmerzen nur ertragen? Nach und nach erkannte er ganz verschwommen seinen Vater und neben ihm seine kleine

Schwester Sonja. Das Schluchzen klang nah an seinem Ohr. Es war die Mutter, die ihn auf dem Schoß hielt.
„Werde ich blind?", brachte er undeutlich hervor.
„Nein! Sorge dich nicht", sagte beschwichtigend Dr. Bucher. „Aber du musst operiert werden und einige Tage im Krankenhaus verbringen."
Pauls Finger tasteten über sein Gesicht. Er spürte einen Verband um seinen Kopf, der das rechte Auge bedeckte. Er stotterte:
„Habe ich … ein Auge verloren?"
Die Mutter seufzte. Dann spürte Paul Dr. Buchers Hand auf seiner Schulter. Seine Stimme klang ruhig und besonnen.
„Wir werden im Krankenhaus feststellen, ob dein Auge gerettet werden kann. Du musst jetzt sehr mutig sein, Paul. Aber eines kann ich dir versprechen: Blind wirst du nicht. Weißt du, es gibt viele Leute, die nur mit einem Auge leben und genauso gut sehen können wie andere Menschen mit zwei!"

Paul blieb zehn Tage im Krankenhaus. Es stellte sich heraus, dass sein Auge verloren war. Paul vermutete später, dass Dr. Bucher das von Anfang an gewusst hatte. Nachdem die Wunde ausgeheilt war, wurde ein künstliches Auge eingesetzt. Das war sehr unangenehm, denn das künstliche Auge drückte und schmerzte schrecklich.
Dr. Bucher war sehr zuversichtlich: „Da Paul noch jung ist, wird das linke Auge einen Ausgleich schaffen und das Hirn lernt, die Informationen, die das zweite Auge nicht mehr liefert, optimal zu ergänzen. Bald wird er auch Distanzen wieder so gut schätzen können wie früher!"
Aber lesen und schreiben machten ihm vorläufig noch große Mühe, am Computer bekam er sofort Kopfschmerzen, beim Einschenken mit einer Flasche traf er manchmal das Glas nicht und er musste besonders gut aufpassen, wenn er über die Straße ging, denn er hatte das sichere Gefühl für Entfernungen verloren. Mit Fußballspielen und Schwimmen war es aus in diesem Sommer.

Noch während er im Krankenhaus war, hatten sich Vater und Mutter mit Martins Eltern in Verbindung gesetzt. Die Versicherung wollte wissen, wer die Verantwortung trug. Hatte Martin vollkommen daneben gezielt? Hatte ein plötzlicher Windstoß den Pfeil aus der Richtung getrieben? Dieses Rätsel würde wohl für immer ungelöst bleiben. Dass die Versicherung zahlte, war schließlich ja auch die Hauptsache.

Einen Tag vor Pauls Rückkehr in die Schule – er hatte über einen Monat verloren – läutete das Telefon. Die Mutter ging den Hörer abnehmen. Martin war am Apparat und fragte, ob er Paul besuchen könnte. Die Mutter blickte Paul fragend an. Dieser zögerte, bis er schließlich zustimmend nickte.
Martin kam eine Viertelstunde später. Paul war überrascht, wie er sich verändert hatte. Er erschien ihm größer und magerer als in seiner Erinnerung. Ein unruhiges Zucken bewegte sein Gesicht.
„Wie geht es dir?", fragte er steif.
„Danke, gut", erwiderte Paul.
Die Mutter sagte, dass sie mit Sonja spazieren gehen wollte. Martin wartete, bis sie aus dem Zimmer waren. Dann fragte er: „Hast du ein künstliches Auge?"
„Ja."
„Zeig mal!"
Paul kam näher und Martin betrachtete ihn eindringlich. Er schüttelte verblüfft den Kopf. „Man sieht überhaupt nichts!"
„Auch die Leute, die wissen, dass ich nur ein Auge habe, merken fast keinen Unterschied", sagte Paul stolz.
„Tut es weh?"
Paul zog die Schultern hoch. „Von Zeit zu Zeit."
Schweigen.
Martin fuhr mit der Zunge über seine Lippen. „Was ich noch sagen wollte ... Es ..., es tut mir Leid. Ich habe es nicht absichtlich getan."
„Weiß ich doch!"
Martin schluckte.

„Ich habe ein bisschen die Nerven verloren, als ich dir den Pfeil raus zog. Ich hätte es nicht tun dürfen, hat der Arzt gesagt."
„Macht doch nichts."
Wieder Schweigen. Schließlich sagte Paul: „Die Videogames finde ich nicht mehr so cool wie damals. War doch Schwachsinn, die Sache mit den Giftkapseln."
„Hast du deinen Bogen noch?", wollte Paul wissen.
Martin räusperte sich: „Doch, aber ich übe jetzt anders ..."
„Anders?"
„Wie es sich gehört, meine ich. In einer Übungshalle. Und immer nur, wenn Frau Sato dabei ist."
„Frau Sato, wer ist das?"
„Meine Lehrerin. Sie ist Japanerin. Sie hat mir vieles beigebracht. Bogenschießen kann ein toller Sport sein, das weiß ich jetzt. Man kann klug und stark dabei werden, und sogar Olympiasieger sein. Man muss bloß lernen, den Körper zu beherrschen und die Vorschriften zu beachten. Und die sind streng. Aber Frau Sato ist eine gute Lehrerin."
„Klasse!", meinte Paul.
Martin zögerte. Dann: „Bist du mir eigentlich noch böse?"
„Ach, hör' doch auf!", brummte Paul. Er bemerkte, wie Martin erleichtert aufatmete. Ein schwaches Lächeln erhellte sein Gesicht: „Wenn es dir besser geht ..., kommst du mal zuschauen, wie ich bei Frau Sato übe? Vielleicht kannst du es auch einmal versuchen, wenn du Lust hast? Könnte sogar gut für dein Auge sein, meint übrigens Frau Sato. Als Training, verstehst du?"
Er sah, wie Martin aufatmete. Ein zögerndes Lächeln erhellte sein düsteres Gesicht.
„Klar doch", sagte Paul. „Das interessiert mich."

Mütter, Väter, Geschwister und andere

In der Schule kam das Gespräch auf den Beruf der Eltern. Die Kinder durften erzählen, was ihre Eltern arbeiteten.
„Was macht denn dein Vater, Thomas?"
„Er ist Schreiner."
„Und deine Mutter?"
„Die ist Briefträgerin. Da kann sie bei jedem Wetter draußen sein. Das gefällt ihr."
„Und deine Eltern, Aline?"
„Meine Mutter ist Biologin, mein Vater Kinderarzt. Er arbeitet im Moment für die UNESCO in Peru."
„Eine schöne Aufgabe", meinte die Lehrerin. „Aber gewiss auch schwierig, ja?"
Aline nickte: „Später will ich auch Kinderärztin werden. Und nach Südamerika gehen und arme Kinder heilen."
„Und du, Kevin?", fragte die Lehrerin den nächsten Jungen.
„Mein Vater ist Bahnbeamter. Meine Mutter tut nichts."
„Nichts?"
„Na ja ... sie ist Hausfrau."
Die Lehrerin runzelte die Stirn.
„Du bist also der Meinung, dass eine Hausfrau nichts tut?"
Kevin bekam rote Ohren.
„Irgendwie ist sie schon beschäftigt. Mit Kochen und Bügeln und Einkaufen, solche Sachen eben. Und seitdem ich den kleinen Bruder habe, auch nachts."
„Nachts?"
„Ja, weil er andauernd schreit."
„Kann dein Vater sie nicht ablösen?"
„Der muss schlafen. Um fünf fährt er die Lokomotive."
„Ich sehe schon", sagte die Lehrerin etwas steif. „Und du, Tibor? Was macht dein Vater?"
„Welcher Vater?", fragte Tibor.
Die Lehrerin stutzte: „Wie meinst du das?"
Tibor sah sie treuherzig an: „Also, mein erster Vater, der war

Bauzeichner. Meine Mutter ist geschieden. Marc, mein zweiter Vater, der ist Graphiker."
„Und was macht deine Mutter?"

„Die ist Designerin. Sie heißt Josi."
„Hast du Geschwister?"
„Mein zweiter Vater, der hat zwei Kinder, Lukas und Amanda. Weil er bereits einmal verheiratet war. Jetzt ist er geschieden."
Die Lehrerin nickte.
„Kommst du gut mit ihnen aus?"
„Die sind nett. Aber ich sehe sie nur sonntags. Mein erster Vater, Robert, hat auch eine Tochter. Die heißt Iris."
„Dein erster Vater hat eine Tochter?"
„Ja, weil er wieder verheiratet ist. Mit Marcella. Und die hat drei Kinder: Susanne, Moritz und Simon."
Die Lehrerin griff sich kurz an die Stirn.
„Du sagtest doch, er hat eine Tochter, die Iris heißt?"
„Die ist die Tochter von meinem Vater und seiner neuen Frau. Meine Halbschwester. Die drei anderen sind von Marcella ohne meinen Vater. Weil die auch geschieden ist."
Die Lehrerin räusperte sich.
„Und verstehst du dich gut mit allen?"
„Klar doch. Im Sommer braten wir Würstchen im Garten bei Robert und Marcella. Das wird immer lustig. Und wir haben ein Ferienhaus in Como. Da wohnt Marcellas Bruder. Der hat eine Italienerin zur Frau. Monica war vorher mit einem Schweden verheiratet. Sie hat zwei Kinder, Sven und Ole. Und ein Adoptivkind aus Indien, ein Mädchen. Sie heißt Suragamy. Ja, und ..."
Die Lehrerin zerrieb ein Stück Kreide zwischen den Handflächen.
„Und?"
„Da sind auch noch die Großeltern. Die von meinem ersten Vater wohnen in Berlin. Die von Josi wohnen hier."
„Wer ist Josi?"
„Meine Mutter, habe ich doch gerade gesagt."
„Ach so, ja, ja. Und deine Großeltern, siehst du sie oft?"
„Die kommen, wenn Josi und Marc ausgehen wollen."
„Wer ist Marc?"
„Mein zweiter Vater, eben."

Die Lehrerin wirkte leicht verwirrt: „Ach ja, entschuldige. Ich hatte es nur kurz vergessen."
„Meine Großmutter macht ganz tolle Schnitzel", erzählte Tibor weiter. „Die hat auch noch ihre Eltern."
Die Lehrerin gab einen seltsamen Laut von sich. „Wer ... wer hat ihre Eltern?"
„Mein Großmutter, habe ich doch gerade gesagt."
„Dann sind es also deine Urgroßeltern?"
„Genau. Die leben in einem Se... Seniorenheim. Die erzählen die ganze Zeit von früher. Von den ersten Flugzeugen und so. Das finde ich interessant. Bis vor ein paar Tagen. Da wollte ich nicht mehr ..."
„Was wolltest du nicht mehr?"
„Die Abschlussfeier der Olympischen Spiele sehen. Im Seniorenheim. Die haben nämlich eine Großleinwand. Aber ich habe nein gesagt."
„Warum denn, Tibor?"
Tibor scharrte mit den Füßen.
„Also .... mit den Eltern, den Großeltern und den Urgroßeltern in einem ... Se... Seniorenheim einen Film anzusehen, das war mir doch zu viel."
Die Klasse lachte. Die Lehrerin sagte: „Nun, das kann ich gut verstehen, Tibor. Und was hast du gemacht?"
„Ein paar Kumpels eingeladen. Und vor dem Fernseher gesessen. Mit Chips und Cola. Wir waren ganz unter uns. Wurde ein richtig cooler Abend."
„Das glaube ich dir aufs Wort. Ich danke dir, Tibor", seufzte die Lehrerin, bevor sie das Gespräch mit den nächsten Schülern fortsetzte.

Leo weiß alles besser

„Mein Freund Leo“, sagte Thomas, „ist der beste Angler.“ Thomas, Moritz und Alex saßen am Ufer des kleinen Flusses. Sie hatten schulfrei. Das Ufer war grün und schattig. Auch das Wasser war grün und floss leise gurgelnd dahin. Seit einer Stunde hatten die drei ihre Angelschnüre ausgeworfen, aber nichts hatte bis jetzt angebissen. Wie üblich verlor Alex als Erster die Geduld.

„Das geht mir auf die Nerven! Hier gibt es keinen einzigen Fisch!“

„Vor einer Woche hat Leo eine so große Forelle gefangen“, sagte Thomas. Er zeigte ihnen wie groß, und die beiden anderen lachten.

„Bist du sicher, dass es kein Hai war?“

Thomas schüttelte heftig den Kopf. „Ehrenwort! Später hat Leo ein Feuer angezündet. Er hat die Forelle ausgenommen, sie auf einen Zweig gespießt und über dem Feuer gegrillt.“ Er rieb sich genüsslich den Magen und schmatzte. „Das war die beste Forelle meines Lebens!“

„Wieso fing der denn Forellen und wir nicht?“, knurrte Moritz.

„Der kennt die guten Stellen“, sagte Thomas.

„Dann zeig sie uns doch mal!“

„Eben, hier ist eine.“

„Und warum beißt bei uns nichts an?“

„Vielleicht, weil wir die Schnur nicht richtig auswerfen.“

„Dein Leo soll uns mal zeigen, wie man das macht“, sagte Moritz.

„Der hat nicht viel Zeit“, antwortete Thomas. „Der ist schon älter als wir.“

Sie warfen die Angelschnüre wieder aus. Plötzlich spürte Alex ein leichtes Ziehen.

„Aufgepasst!“, schrie er. „Da hat einer gerade angebissen!“ Als er die Schnur triumphierend hochriss, baumelte ein winziges Fischchen, kaum größer als ein Finger, an dem Haken. Alle machten enttäuschte Gesichter.

„Das lohnt sich ja kaum, den zu braten!", sagte Moritz.
„Leo kann das besser", meinte Thomas.

„Mein Freund Leo", sagte Thomas, „rechnet immer alles im Kopf aus."
Sie hatten gerade eine Mathearbeit hinter sich. Die Multiplikationen waren besonders schlimm gewesen. Zum Glück hatte Alex einen Taschenrechner bei sich. Er rechnete alles unter dem Tisch aus und steckte den anderen das Ergebnis zu. Herr Müller hatte nichts gemerkt, aber Thomas schwitzte jetzt noch vor Aufregung.
„Wenn der uns erwischt hätte!"
Herr Müller hatte ein Magengeschwür und war schlechter Laune. Und Taschenrechner wollte er im Unterricht nicht sehen.
„Der soll sich nicht so anstellen", sagte Moritz. „Jeder Mensch rechnet heute mit dem Taschenrechner oder Computer. Kopfrechnen ist doch blanker Schwachsinn."
„Bei Leo geht das blitzschnell, fast wie bei einem Taschenrechner", sagte Thomas.
„Dein Leo ist eben eine Leuchte", meinte Alex, ziemlich ungehalten. „Wo geht er denn zur Schule?"
„Er ist sehr beschäftigt", sagte Thomas ausweichend. Alex gluckste.
„Wahrscheinlich mit Mädchen."

„Mein Freund Leo", sagte Thomas, „erzählt mir alles über Raumfahrt."
Sie hatten gerade im Fernsehen miterlebt, wie die Marsfähre in Cap Canaveral startete.
„Was soll man denn sonst noch über die Raumfahrt wissen?", fragte Moritz. „Es wurde uns doch alles lang und breit erklärt."
Thomas schüttelte den Kopf.
„Leo sagt, man verblödet, wenn man ständig in die Glotze starrt. In den Büchern steht alles viel genauer.

„Bestell ihm einen schönen Gruß!“, sagte Alex. „Bücherlesen ist viel zu anstrengend.“
„Leo sagt, dass man im Fernsehen nicht einmal die Hälfte erklärt bekommt. Man kriegt alles nur brockenweise mit, verdünnt als Light-Kost mit Schlagworten. Um gründlich Bescheid zu wissen, muss man lesen.“
„Wer will denn gründlich Bescheid wissen?“, knurrte Alex.
„Zum Beispiel ich“, sagte Thomas. „Leo hat mir ein Buch über den Kometen Halley geschenkt. Das ist super!“
„Der Komet kommt doch auch im Fernsehen!“, warf Moritz ein.
„Ja, aber weißt du, wie er entstanden ist? Woraus sein Schweif besteht? Und mit welcher Geschwindigkeit er an der Erde vorbeisaust?“
„Wen interessiert das schon?“, meinte Alex.
„Streng mal dein Gehirn etwas an!“, sagte Thomas. „Leo sagt, das Gehirn sei der beste Computer. Aber wir nutzen nur einen kleinen Teil unserer Hirnmasse, und der Rest liegt brach.“
„Mich stört das nicht“, seufzte Moritz und gähnte.
„Leo sagt …“
„Ach, hör auf mit deinem Leo!“
„Oder besser noch, bring ihn mal her!“, sagte Alex. „Der soll uns mal einen Vortrag über unsere Hirnmasse halten.“
Alex zögerte. „Ich werde ihn mal fragen, ob er will.“
„Wieso? Sind wir vielleicht zu blöde für ihn?“
„Eigentlich nicht“, sagte Thomas. „Nur leider seid ihr stinkfaul.“
„Das sind wir gerne“, sagte Alex. „Also, abgemacht?“
Thomas nickte. „Vielleicht komme ich am Mittwoch mit ihm zum Sportplatz.“
„Von mir aus soll er mit uns Fußball spielen“, sagte Moritz. „Kann er das auch besser als wir?“
„Der spielt keinen Fußball“, sagte Thomas. „Der hat ein Segelboot.“
„Angeber!“, murmelte Alex.

Am Mittwoch fuhren Alex und Moritz mit dem Fahrrad zum Sportplatz und warteten am Eingang.
„Bin gespannt, wie Leo ist“, sagte Moritz. „Thomas redet von dem, als sei er der Größte und Tollste.“
„Thomas übertreibt“, sagte Alex. „Das ist sicher so ein eingebildeter Gymnasiast. Immerhin hat er schon ein Segelboot. Wahrscheinlich kommt er aus reichem Haus. Meinst du, dass er uns mal auf den See mitnimmt?“
„Was bildest du dir ein? Der fährt sicher nur mit seinem Schatz aus!“
Alex sah auf die Uhr. „Wo stecken sie denn?“
„Sie haben Verspätung.“ Moritz mahlte seinen Kaugummi.
„Thomas ist unübertrefflich darin, andere warten zu lassen.“
„Da kommt er ja!“, rief Alex. „Was hat er denn da für einen Opa aufgegabelt?“

Thomas lief strahlend über den Parkplatz. Neben ihm schritt ein älterer Mann. Er trug altmodische Hosen mit Hosenträgern, einen Rollkragenpulli und eine Schirmmütze. Das Gesicht war braungebrannt und verschmitzt, die Ohren auffallend abstehend.
„Also, Leo", sagte Thomas und wurde ein bisschen rot dabei. „Darf ich dir Moritz und Alex vorstellen? Die wollten dich schon so lange mal kennen lernen."